De la biblioteca de

Misterios de Juan

También por Charles Fillmore

ATOM-SMASHING POWER OF MIND
THE CHARLES FILLMORE CONCORDANCE
CURACIÓN CRISTIANA
DINÁMICAS PARA LA VIDA
JESUCRISTO SANA
GUARDA UNA CUARESMA VERDADERA
MISTERIOS DEL GÉNESIS
PROSPERIDAD
LA PALABRA REVELADORA
CHARLAS ACERCA DE LA VERDAD
ENSÉÑANOS A ORAR
LOS DOCE PODERES DEL HOMBRE

Misterios de Juan

Charles Fillmore

unity HOUSE
Unity Village, Missouri

"Unity es un vínculo en el gran movimiento educativo inaugurado por Jesucristo; nuestro propósito es discernir la Verdad y probarla. La Verdad que enseñamos no es nueva, ni alegamos ser dueños de revelaciones o descubrimientos especiales de principios religiosos nuevos. Nuestro propósito es ayudar e instruir a la humanidad a usar y probar la Verdad eterna enseñada por el Maestro."

—Charles Fillmore
Cofundador de Unity

Primera impresión 2009

La traducción y publicación de este libro ha sido posible gracias a las contribuciones al Fondo "Lowell Fillmore".

ISBN 978-0-87159-332-0
Canadá BN 13252 9033 RT
Library of Congreso Catalog Card Number - 2008910994

Para recibir un catálogo de todas las publicaciones de Unity en español o hacer un pedido, escribe a nuestro Departamento de Servicios en Español, Unity o llama al 816-251-3574.
Primera edición en español 2009

Diseño de la cubierta por Karen Rizzo

Para todas las citas bíblicas se utilizó la Reina-Valera 1995, edición de estudio.

Library of Congress Cataloging-in-Publication Data

Fillmore, Charles
[Mysteries of John. Spanish]

p. cm.
ISBN 978-087159-332-0
1. Metaphysics – Religious aspects – Unity
2. Unity – Doctrines. I. Title
[ ]

"El realizar la unidad divina es lo más elevado que podemos lograr. Ésta es la verdadera gloria, la unión y fusión de todo el ser con la mente divina. … Esta unión de Dios y el ser humano no significa la destrucción total de la conciencia humana, sino su glorificación o expansión a la divina."

Charles Fillmore

ÍNDICE

PRÓLOGO

Las personas que estudian el sentido metafísico de la Biblia reconocen que el Evangelio de Juan tiene ciertas cualidades espirituales que no se encuentran en los otros evangelios. Aunque esto no sea relevante para todos los lectores de la Biblia, se puede decir que quienes desean encontrar lo místico, lo buscan en este Evangelio. Dicho Evangelio se distingue en este sentido especialmente, y tiene la facultad de presentar verdades metafísicas de tal manera que se necesita poca interpretación. Solamente en pocas instancias el escrito original oculta las verdades que el estudiante busca discernir. El idioma escrito es, en su mejor forma, sólo un reflejo de las ideas internas y, aunque un maestro aparee cada idea con una palabra exacta tan hábilmente como lo hizo Jesús, interpretarlas cabalmente es a veces difícil.

Mas, las ideas son muy atractivas y ésta puede ser la mejor razón para publicar un nuevo libro acerca de este cuarto Evangelio que aviva el espíritu. Todos estamos cargados de ideas y, cuando estas ideas son liberadas, dan un salto hacia delante y pasan de mente en mente, siendo "grabadas" mientras vuelan, y cuando son expresadas la raza entera es exaltada, siempre y cuando la idea esté cargada con el Espíritu que enaltece. Jesús fue la idea de Dios del hombre encarnada; así que tuvo razón al decir: "Y yo, cuando sea levantado de la tierra, a todos atraeré a mí mismo" (Jn. 12:32). Nunca en la historia de la literatura esta verdad de la unidad de Dios y el ser humano ha sido expresada tan audazmente y afirmada por el hombre como en el Evangelio de Juan.

Aquí surge la pregunta acerca de la responsabilidad de Dios por todo lo que aparece encarnado, tanto bueno como malo, lo cual parece confundir nuestra lógica y comprensión. En la conciencia humana, somos el fruto de un árbol que brotó del suelo del Ser. Las leyes instituidas en los eones y edades del pasado todavía prevalecen en el presente. Si interpretamos el Ser desde un punto de vista personal ignoramos los principios y leyes en la base misma de toda la creación y los hemos sustituido por un Dios personal, y por ello han sucedido muchas contradicciones. Ahora, gracias al desarrollo del ser humano espiritual implantado en nosotros en el comienzo, discernimos las leyes inmutables del bien y la necesidad absoluta de regirnos por ellas.

Así que vemos que Jesús enseñó que Dios obra en y por medio del ser humano y de la naturaleza, y que no es una persona que se encuentra en algún lado en los cielos. Él también enseñó que demostramos a Dios al manifestar Su espíritu en nuestra vida. "No que alguien haya visto al Padre; solo aquel que viene de Dios, ese ha visto al Padre" (Jn. 6:46). A Sócrates le preguntaron, "¿Qué constituye un buen hombre?" Él respondió: "Un hombre que hace el bien." De nuevo le preguntaron, "¿Qué es el bien?" "Lo que el buen hombre hace," respondió.

Para quienes siguen a Jesús no es necesaria una definición extensa del bien; ya que hasta las personas más sencillas comprenden el bien y lo hacen. El deseo universal entre los cristianos que han despertado, de amar a Dios y su prójimo, es parte de la ley que opera constantemente por medio del ser humano cuando éste encuentra su relación correcta con Dios.

El estatus del mal es el de un parásito. No tiene vida permanente por sí mismo; su existencia depende de la vida que toma prestada de su progenitor, y cuando el vínculo con el progenitor se rompe, no queda nada. El mal aparente es el resultado de la ignorancia, y cuando surge la Verdad, el error desaparece. Jesús lo llamó el mentiroso y el padre de las mentiras.

Los seres humanos personalizan el bien y el mal en múltiples dioses y demonios, pero los estudiantes de la Verdad siguen a Jesús al reconocer el Espíritu supremo en el ser humano como "un solo Dios y Padre de todos" (Ef. 4:6).

Juan: Capítulo 1

[1]En el principio era el Verbo, el Verbo estaba
con Dios y el Verbo Dios. [2]Este estaba en el principio
con Dios. [3]Todas las cosas por medio de él fueron
hechas, y sin él nada de lo que ha sido hecho fue hecho.
[4]En él estaba la vida, y la vida era la luz de los hombres.
[5]La luz resplandece en las tinieblas, y las tinieblas no
la dominaron.

En la metafísica pura, sólo existe un verbo, el verbo de Dios. Éste es el verbo creativo verdadero o pensamiento del Ser. Es el "Dios dijo" del Génesis. El texto original griego se refería al primer capítulo del evangelio de Juan como el *logos*. Esa palabra griega no puede ser traducida exactamente. En griego, esa palabra denota sabiduría, juicio, poder y, de hecho, todas las facultades del Ser. Este Verbo divino, estuvo y siempre está en Dios. Es más, expresa a Dios como poder creativo. La mente divina crea bajo la ley, es decir, la ley espiritual. El ser humano puede llegar a comprender el proceso creativo del Ser mediante la observación de su propia mente. Primero es la mente, luego es la idea en la mente de lo que el hecho debe ser, entonces es la manifestación del hecho en sí. He ahí el porqué de que el Verbo y el proceso creativo divino son idénticos.

Nada puede ser hecho fuera de la mente. Inclusive el hombre, al crear y manifestar, usa el mismo proceso creativo que Dios usó. En la medida que el hombre permita que las cualidades de la Mente única estén presente en el proceso, sus obras perdurarán.

La idea divina, el Cristo o Verbo de Dios, está presente siempre por doquier. De los cuatro evangelios, el de Juan ya ha sido discernido por un metafísico como la vida de Jesús desde un punto de vista simbólico, y debería aparecer primero en el Nuevo Testamento, paralelo al primer capítulo de Génesis. Muchos críticos de la Biblia lo consideran así, entre ellos está Ferrar Fenton, quien le dio primer lugar en su *Complete Bible in Modern English* (Biblia completa en inglés moderno).

Juan explica que toda existencia es de género espiritual, que surge del ser humano como un don y que el Cristo es su cumplimiento. "En el principio era el Verbo, el Verbo estaba con Dios y el Verbo era Dios."

"El Verbo" es la traducción de la palabra griega *logos*, que significa un pensamiento o concepto, así como también la palabra que lo declara. También conlleva la relación lógica entre la idea y la expresión. He allí la raíz de la palabra "lógica", la cual proviene también de la palabra *logos*.

Prestemos atención al primer capítulo de Génesis: "Y el espíritu de Dios se movía sobre la faz de las aguas. Dijo Dios: «Sea la luz». Y fue la luz".

Aquí, día a día o período a período, y en detalle, la creación es ideada. El paralelismo entre Génesis y Juan yace en la manifestación del hombre ideal. En Génesis, Adán aparece primero. En Juan, el primero en aparecer es Juan el Bautista, quien dijo que era "testigo" del hombre por venir, Jesús. En Génesis al hombre se le dio dominio sobre todas las cosas; en Juan, "todas las cosas por medio de él fueron hechas".

Juan el Bautista representa el hombre natural, el hombre físico, el núcleo alrededor del cual se construye al hombre espiritual. El hombre puede ser comparado a una casa, la fundación hecha de piedra y la estructura arriba de ésta construída de un material más ligero. La roca de la cual Jesús creó no era material sino mental, su símbolo es Pedro, quien representa una mente que está receptiva a la Verdad espiritual y a la sustancia espiritual.

El primer Adán fue formado "del polvo de la tierra", lo que representa una sustancia radiante, en vez de tierra densa. Así que Juan el Bautista fue más que un hombre físico. El fue el hombre natural iluminado. Él enseñó y bautizó a sus discípulos, y tuvo la visión espiritual de ver cómo el hombre natural evolucionó hasta convertirse en el hombre Crístico.

El hombre espiritual es "la luz verdadera que alumbra a todo hombre". El mundo fue Creado por él, "pero el mundo no lo conoció". Existe en el hombre una fuerza creativa que obra constantemente en el hombre y en toda la creación, pero no es reconocida. Es Espíritu-y-Mente brillando conscientemente en las mentes y los corazones de aquellos que la reconocen. Aquellos que ignoran esta luz no la "conocen" y para ellos no existe. "Mas a todos los que lo recibieron, a quienes creen en su nombre, les dio potestad de ser hechos hijos de Dios."

> 6Hubo un hombre enviado por Dios, el cual se llamaba Juan. 7Este vino como testigo, para dar testimonio de la luz, a fin de que todos creyeran por medio de él. 8Él no era la luz, sino un testigo de la luz.

El hombre, cuando se encuentra en un estado ignorante, mora en un reino de pensamiento material y no puede percibir nada superior hasta que llega al punto de su desarrollo donde está listo para recibir entendimiento de la Verdad de Cristo. Entonces, él alcanza la percepción intelectual de la Verdad o Juan el Bautista. La percepción espiritual de la Verdad por el hombre natural (Juan el Bautista) no es la luz verdadera (el Cristo) sino que es testigo de la luz y prepara el camino para traerlo a la conciencia.

> 9La luz verdadera *que alumbra a todo hombre* venía a este mundo. 10En el mundo estaba, y el mundo fue hecho por medio de él; pero el mundo no lo conoció. 11A lo suyo vino, pero los suyos no lo recibieron.

La luz verdadera (el Cristo o Verbo) que alumbra todo ser humano siempre ha estado en nosotros. Inclusive el hombre externo fue hecho y llegó a existir por medio de esa luz. El hombre no reconoce esta verdad hasta que ha logrado cierto desarrollo; sin embargo, este misterio que es "Cristo en ti esperanza de

Gloria", está siendo revelado a la raza humana con más y más claridad y con mayor poder.

> [12]Mas a todos los que lo recibieron, a quienes creen en su nombre, les dio potestad de ser hechos hijos de Dios. [13]Estos no nacieron de sangre, ni por voluntad de carne, ni por voluntad de varón, sino de Dios.

De acuerdo con los versículos 12 y 13, la misma verdad que aplicaba a Jesús se aplica a todos aquellos que Lo reciben (el Cristo) y creen en Su poder resucitador, tal y como lo hizo Jesús.

> [14]Y el Verbo se hizo carne y habitó entre nosotros lleno de gracia y de verdad; y vimos su gloria, gloria como del unigénito del Padre.

Jesús reconoció la verdad de que el Cristo, la idea divina del hombre o Verbo de Dios, era Su verdadero ser y por consecuencia Él era Hijo de Dios. Debido a que Jesús se mantuvo afianzado a esta imagen perfecta del hombre divino, el Cristo o Verbo entró en cada uno de los átomos de Su ser, incluso en las células mismas de su entidad externa y transformó todo Su cuerpo en vida y sustancia espiritual pura e inmortal. He allí que "el Verbo se hizo carne". La resurrección de todo Su ser, también incluyó Su cuerpo. Jesús entró vivo y completo al reino espiritual.

> [15]Juan testificó de él diciendo: «Este es de quien yo decía: "El que viene después de mí es antes de mí, porque era primero que yo"». [16]De su plenitud recibimos todos, y gracia sobre gracia, [17]porque la Ley fue dada por medio de Moisés, pero la gracia y la verdad vinieron por medio de Jesucristo. [18]A Dios nadie lo ha visto jamás; el unigénito Hijo, que está en el seno del Padre, *él* lo ha dado a conocer.

"La Ley fue dada por medio de Moisés." Moisés representa una fase del proceso evolutivo del hombre. "La ley", los mandamientos externos, no pueden realmente redimir. "La gracia y la verdad vinieron por Jesucristo", esto quiere decir, la verdadera salvación, el poder para redimir y transformar vino al hombre por medio de las obras de Jesús, ya que Él estableció una nueva conciencia de raza en la Tierra. Podemos apropiarnos de esa conciencia al tener fe en Él por medio del espíritu interno de la ley que Jesús enseñó y practicó.

El versículo 18 enseña que es por medio del Cristo en nosotros que nos volvemos conscientes del Padre, ya que el Hijo (el Verbo) existe por siempre en Dios, y el Padre y el Hijo son uno y omnipresentes en el hombre y en el universo. El espíritu de la Verdad puede ser discernido solamente por medio del Espíritu, no de modos externos, ninguna percepción intelectual puede llevarnos a conocer a Dios.

> [19]Este es el testimonio de Juan, cuando los
> judíos enviaron de Jerusalén sacerdotes y levitas a
> preguntarle: —¿Quién eres tú? [20]Él confesó y no negó.
> Confesó:—Yo no soy el Cristo. [21]Y le preguntaron:
> —¿Qué, pues? ¿Eres tú Elías? Dijo: —No soy. —¿Eres
> tú el Profeta? Y respondió: —No. [22]Entonces le dijeron:
> —¿Quién eres? Tenemos que dar respuesta a los que
> nos enviaron. ¿Qué dices de ti mismo? [23]Dijo: —Yo soy
> "la voz de uno que clama en el desierto: Enderezad el
> camino del Señor", como dijo el profeta Isaías. [24]Los
> que habían sido enviados eran de los fariseos. [25]Y le pre-
> guntaron diciendo: —¿Por qué, pues, bautizas, si tú no
> eres el Cristo, ni Elías, ni el Profeta? [26]Juan les respon-
> dió diciendo: —Yo bautizo con agua, pero en medio de
> vosotros está uno a quien vosotros no conocéis. [27]Este
> es el que viene después de mí, quien es antes de mí, del
> cual yo no soy digno de desatar la correa del calzado.
> [28]Estas cosas sucedieron en Betábara, al otro lado del
> Jordán, donde Juan estaba bautizando.

En la regeneración existen dos estados mentales que obran constantemente. El primero es el estado de limpieza o negación, en el cual todos los pensamientos errados son eliminados. Esto incluye el perdón por pecados cometidos y el desalojo de todo lo que hay en la conciencia. La idea es volver a gozar de la conciencia pura y natural del Espíritu. Este estado de conciencia es tipificado por Juan el Bautista, quien era un hijo de la naturaleza cuya misión era enderezar el camino para Quien venía después de él.

Este deshacerse de los pecados de la conciencia (bautismo por medio de la negación, más perdón) está íntimamente ligado al trabajo profundo que viene después, tanto así que para aquel que lo observa parecen lo mismo. He allí por qué los seguidores de Juan, cuando vieron las obras que él hacía, le preguntaron si era el Mesías. Su respuesta fue que Uno que venía después de él bautizaría con el Espíritu Santo.

De allí podemos deducir que la limpieza mental y las reformas que ponen en orden la mente consciente, cumplen con el propósito de preparar el camino para una conciencia mayor y más permanente que vendrá después. Éste es el proceso de la negación del "ser" o personalidad. Jesús dijo: "Si un hombre ha de seguirme, que se niegue a sí mismo". En cierto modo, todos somos culpables de prestar demasiada atención al logro de metas personales, las cuales son limitadas y sólo proveen la satisfacción individual. Y mientras éstas existan y tomen el lugar que le corresponde al Unigénito, no habrá espacio para el ser mayor, el Cristo de Dios.

La frase: "Este es el hijo de Dios" da fe a un asunto de suma importancia en la regeneración. El reconocer al hombre como el hijo de Dios y establecer en la mente una nueva relación entre el Padre divino y el Hijo, es fundamental en el proceso de regeneración. Si no afirmamos nuestra filiación, con todos sus privilegios y poderes, nos estamos subestimando y creando limitaciones que previenen que entremos en la plenitud de Dios. "Sed perfectos, como vuestro Padre es perfecto."

[29]Al siguiente día vio Juan a Jesús que venía
a él, y dijo: «¡Este es el Cordero de Dios, que quita el
pecado del mundo! [30]Este es de quien yo dije: "Después
de mí viene un hombre que es antes de mí, porque era
primero que yo". [31]Y yo no lo conocía; pero por esto
vine bautizando con agua: para que él fuera manifes-
tado a Israel». [32]Además, Juan testificó, diciendo: «Vi
al Espíritu que descendía del cielo como paloma, y que
permaneció sobre él. [33]Yo no lo conocía; pero el que me
envió a bautizar con agua me dijo: "Sobre quien veas
descender el Espíritu y permanecer sobre él, ese es el
que bautiza con Espíritu Santo". [34]Y yo lo he visto y
testifico que este es el Hijo de Dios».

Interpretado metafísicamente, Juan el Bautista simboliza el hombre natural en cada persona, pero con el intelecto iluminado. Con su cara a la luz y, al mismo tiempo, reconociendo y honrando a su ser mayor. Juan bautizó con agua a todos aquellos que creían que Jesús vendría pronto. Ésta es una limpieza, un proceso purificador, que prepara a la persona a ver y a discernir espiritualmente.

La Mente-Padre es el principio viviente, lo absoluto, lo ilimitado. El Hijo es Verbo vivo. La palabra "Verbo" simboliza la identidad del YO SOY. El Espíritu Santo es la acción o vertimiento o actividad del Verbo. Esta acción produce lo que podría ser denominado como la luz del Espíritu, el aliento de Dios, la "personalidad" del Ser. El vertimiento del Espíritu Santo es la señal por medio de la cual el hombre natural reconoce al divino. Jesús, quien llegó a ser "El cordero de Dios" o expresión perfecta de Dios, bautizó con el Espíritu Santo.

[35]Al siguiente día estaba otra vez Juan, y con él dos de sus discípulos.
[36]Y mirando a Jesús que andaba por allí, dijo: «¡Este es el Cordero de Dios!»

Al ser cultivada la mente espiritual se convierte en un agente activo en la conciencia. Debe ser deseada y buscada antes de que pueda volverse parte de nuestra vida consciente. Juan el Bautista (la mente natural consciente) espera, busca y desea con anhelo una realización mayor del Espíritu. Él sabe que no está cumpliendo con la idea Crística del ser humano; he ahí el por qué Juan profetiza acerca de Aquel que vendrá: "El que viene después de mí, quien es antes de mí, del cual yo no soy digno de desatar la correa del calzado".

Esta disposición de despojarse del ser natural para dar cabida al ser divino es una señal de que la persona se encuentra en el proceso regenerativo. Muchas personas ambiciosamente desean vestirse de Cristo, pero no están dispuestas a despojarse del ser actual para lograrlo. Juan el Bautista tenía sus seguidores, sin embargo, él instó a sus discípulos a seguir a Jesús. Abiertamente Lo reconoció como "El cordero de Dios" y, de este modo, reconoció la Mente Crística. Esta mente no tiene ambiciones personales, es inocente, amorosa y obediente al llamado divino.

> 37Los dos discípulos lo oyeron hablar y siguieron a Jesús. 38Volviéndose Jesús y viendo que lo seguían, les dijo: —¿Qué buscáis? Ellos le dijeron: —Rabí— que significa «Maestro»—, ¿dónde vives? 39Les dijo: —Venid y ved. Fueron y vieron dónde vivía, y se quedaron aquel día con él, porque era como la hora décima. 40Andrés, hermano de Simón Pedro, era uno de los dos que habían oído a Juan y habían seguido a Jesús. 41Aquel encontró primero a su hermano Simón, y le dijo: —Hemos encontrado al Mesías—que significa «Cristo»—. 42Y lo trajo a Jesús. Mirándolo Jesús, dijo: —Tú eres Simón hijo de Jonás; tú serás llamado Cefas—es decir, Pedro—.

Cuando la mente consciente reconoce a la Mente Crística, las facultades van despertando gradualmente para asirse a ésta. Andrés es el primer apóstol mencionado, y con él estaba uno cuyo nombre no es mencionado pero que se asume es Juan (amor). El amor es modesto y remitido, "No busca lo suyo". Andrés representa la fortaleza mental, que, cuando encuentra su fuente inexhaustible de toda fortaleza, exclama gozosamente: "Hemos encontrado al Mesías".

La fortaleza está claramente ligada a la sustancia (Simón), a quien en espíritu llamamos fe. "La fe es la sustancia de lo que se espera." Lo que esperamos y vemos mentalmente como una posibilidad en nuestras vidas se convierte en algo visible, algo sustancial.

> 43 Al siguiente día, Jesús quiso ir a Galilea;
> encontró a Felipe y le dijo: —Sígueme. 44 Felipe era de
> Betsaida, la ciudad de Andrés y Pedro. 45 Felipe encon-
> tró a Natanael y le dijo: —Hemos encontrado a aquel
> de quien escribieron Moisés, en la Ley, y también los
> Profetas: a Jesús hijo de José, de Nazaret. 46 Natanael le
> dijo: —¿De Nazaret puede salir algo bueno? Respondió
> Felipe: —Ven y ve. 47 Cuando Jesús vio a Natanael que
> se le acercaba, dijo de él: —¡Aquí está un verdadero
> israelita en quien no hay engaño! 48 Le dijo Natanael:
> —¿De dónde me conoces? Jesús le respondió: —Antes
> que Felipe te llamara, cuando estabas debajo de la
> higuera, te vi. 49 Natanael exclamó: —¡Rabí, tú eres el
> Hijo de Dios! ¡Tú eres el Rey de Israel! 50 Le contestó
> Jesús: —¿Crees porque te dije: "Te vi debajo de la
> higuera"? Cosas mayores que estas verás. 51 Y agregó:
> —De cierto, de cierto os digo: Desde ahora veréis el
> cielo abierto y a los ángeles de Dios subiendo y bajando
> sobre el Hijo del hombre.

El nombre *Felipe* significa "amante de los caballos", y Felipe simboliza el vigor, poder, vitalidad y energía de la mente. Felipe, Andrés y Pedro son de la misma "ciudad": Betsaida. El nombre Betsaida significa "casa de pescadores", y representa un grupo de pensamientos en la conciencia que tienen como foco una creencia en el incremento de ideas y sus expresiones y manifestaciones en el mundo externo.

Natanael (quien representa la imaginación) también es llamado Bartolomé. En el reino real (Israel) el poder imaginativo de la mente es inocente, no guarda imágenes erróneas. Se mantiene abierto y receptivo a la belleza y perfección del Ser. La facultad de la imaginación es la que hace al gran artista y al gran poeta. Es la inocencia cándida del estado mental de Natanael lo que causa que el religioso entusiasta crea todo aquello acerca del Espíritu y del mundo invisible. Cuando la imaginación es ejercitada sin el entendimiento Crístico, se convierte en delusoria. Crea las imágenes en la sique; la clarividencia, y puede ser tergiversada por sus propios poderes mágicos. En sí, esto no constituye un error, pero puede que, tal como ocurre con las demás facultades, la imaginación llegue a usarse de un modo errado. Cuando es usada por la Mente del Espíritu, ocurre algo cándido, como el reconocimiento que Jesús dio a Natanael cuando lo vio debajo la higuera, y donde la comunicación de Dios con el hombre es de suma importancia.

De los apóstoles, Bartolomé representa la imaginación. Él es llamado Natanael en el primer capítulo del Evangelio de Juan, en el cual se escribió que Jesús lo vio bajo la higuera. El significado yace en que Jesús discernió a Natanael antes de que éste estuviera ante Él. Esto indica que las imágenes de las personas y cosas son proyectadas en la cámara de las imágenes y, al prestarles atención, llegas a comprender su relación con las cosas externas. Los adivinadores, clarividentes e interpretadores de sueños han desarrollado esta capacidad a varios niveles. La conciencia es lo que propicia el desenvolvimiento del alma, primaria y secundariamente, ¡y hasta el final! Las formas externas son siempre manifestaciones de las ideas. Todo aquel que entienda esto puede interpretar los símbolos en sueños y visiones, pero si no tiene conciencia de la ley, se convierte en una persona psíquica sin discernimiento.

Esta facultad espiritual hace posible que el ser humano penetre la "cuarta dimensión", o a lo que se define usualmente como: "el reino de los cielos", y pueda discernir el curso de las fuerzas espirituales. Los ángeles de Dios son fuerzas espirituales activas en el Hijo de Dios: todo aquel que haya sido avivado espiritualmente.

Todo el que esté abierto y receptivo y que tenga una mente llena de fe, puede ver las cosas que toman lugar en la Mente Crística, transcendiendo así la capacidad del hombre natural que no ha sido iluminado.

Juan: Capítulo 2

[1]Al tercer día se celebraron unas bodas en Caná
de Galilea, y estaba allí la madre de Jesús. [2]También
fueron invitados a las bodas Jesús y sus discípulos. [3]Y
faltó vino. Entonces la madre de Jesús le dijo: —No
tienen vino. [4]Jesús le dijo: —¿Qué tiene que ver esto
con nosotros, mujer? Aún no ha llegado mi hora. [5]Su
madre dijo a los que servían: —Haced todo lo que él
os diga. [6]Había allí seis tinajas de piedra para agua,
dispuestas para el rito de purificación de los judíos; en
cada una de ellas cabían dos o tres cántaros. [7]Jesús les
dijo: —Llenad de agua estas tinajas. Y las llenaron hasta
arriba. [8]Entonces les dijo: —Sacad ahora un poco y pre-
sentadlo al encargado del banquete. Y se lo presentaron.
[9]Cuando el encargado del banquete probó el agua hecha
vino, sin saber de dónde era (aunque sí lo sabían los
sirvientes que habían sacado el agua), llamó al esposo
[10]y le dijo: —Todo hombre sirve primero el buen vino, y
cuando han bebido mucho, el inferior; sin embargo, tú
has reservado el buen vino hasta ahora. [11]Este principio
de señales hizo Jesús en Caná de Galilea, y manifestó su
gloria; y sus discípulos creyeron en él.

Espiritualmente, un matrimonio representa la unión de dos estados de conciencia dominantes. María, la madre de Jesús, representa la intuición, el alma espiritual, Eva, "la madre de todos los vivientes". Jesús es el YO SOY personal y Sus apóstoles son las doce facultades.

Caná significa "lugar de los aros", igual que la laringe en el cuerpo está formada de aros. El nombre Galilea significa "serpentear"; el aire es forzado rápida y serpenteadamente en la laringe cuando hablamos o cantamos. Los apóstoles representan los centros nerviosos dominantes, el simbolismo de cada uno se encuentra escondido en cada uno de sus nombres. Felipe significa "amante de los caballos". Los caballos simbolizan vigor, vitalidad, poder. Vigor o su opuesto, debilidad, son ejecutados por la voz, de este modo designamos a Felipe como la facultad del poder, y su centro de expresión en el cuerpo es la laringe (Caná).

El agua puede ser comparada a la vida humana natural, y el vino a la vida espiritual. En la regeneración el cuerpo y el espíritu se encuentran unidos, pero antes de que la unión pueda llevarse a cabo la agotada vida natural debe ser despertada por el Espíritu (simbolizado aquí por el convertimiento del agua en vino). La falta de vida revitalizadora es notada primero por María, la madre de todos los vivientes, pero Jesús, el YO SOY y su poder ejecutorio en todas las actividades del cuerpo, no siente que está listo para lograr el milagro y ruega por un retraso al decir: "Aún no ha llegado mi hora".

Pero es urgido por fuerzas internas, y la confidente madre está segura de que su hijo puede hacerlo todo: "Haced todo lo que él os diga". Los cántaros, que han sido llenados hasta el borde por los sirvientes significan la magnitud con la que la naturaleza está preparada para cumplir con la transformación de una vida negativa a una vida espiritual por medio del poder de la palabra del Maestro, Jesús: "Sacad ahora un poco y presentadlo al encargado del banquete". El encargado del banquete, el YO SOY supremo, exclamó que el vino era de calidad superior al vino servido previamente.

Esta transformación de lo negativo, sustancia acuosa del organismo, a Espíritu revitalizador se logra añadiendo a cada palabra una idea espiritual. La idea de vida omnipresente entonces avivará la vida natural en el hombre, y hará contacto consciente con la Única vida y tomará de esta vida para beneficiar a muchos.

Cuando el "YO" es levantado de la tierra, surge una acción vital mayor que es impartida a toda la conciencia. Jesús dijo: "Y yo, cuando sea levantado de la tierra, a todos atraeré a mí mismo" (Juan 12:32). El levantamiento del YO es resultado de haber percibido al Verdad. Cuando discernimos la Verdad del ser y nos relacionamos con ella, establecemos una conciencia nueva y mayor. Esta energía mayor es impartida al alma o reino del pensamiento y a todo el cuerpo. Todo este proceso opera bajo la ley. Conlleva conexiones consecutivas entre el pensamiento y el objeto, las cuales pueden ser discernidas por el ser humano y usadas universalmente. Al terminar el capítulo uno vemos que Jesús ya había captado este reino espiritual cuando dijo: "Desde ahora veréis el cielo abierto y a los ángeles de Dios subiendo y bajando sobre el Hijo del hombre."

Esta alta percepción de la unión del hombre, por medio del YO SOY, con la armonía divina origina una vibración que es impartida a todo lo que es la conciencia. La boda que tuvo lugar en Caná de Galilea simboliza esta unión en donde el elemento acuoso negativo del cuerpo es "levantado de la tierra" para ser convertido en vino o Espíritu. Un erudito de la Biblia dice que lo que Jesús dijo es expresado mejor del siguiente modo: "Mujer, ¿que existe entre tú y yo?" Esta pregunta ilustra la actitud inquisitiva del YO SOY personal, Jesús que no siente que comprende verdaderamente lo que ha de hacer. Espera con anhelo llevar a cabo su misión, pero siente y expresa: "Aún no ha llegado mi hora". A veces, nosotros deseamos conocer todos los pasos antes de tomar acción. Pero en los procesos espirituales debemos proceder sin conocer los distintos pasos. Si proseguimos y pronunciamos la palabra, la ley cumple aquello que hemos declarado. Las fuerzas elementales del Ser (los sirvientes) está dispuestos a llevar a cabo nuestras órdenes, y la perfección intuitiva de la Verdad en nosotros (la mujer) nos impele a llevar a cabo nuestra misión.

El simbolismo de este milagro está relacionado con la abundancia de energía vital que puede ser generada de la unión del ser humano con "el agua de vida" o la sustancia nerviosa que se encuentra en los distintos centros de su organismo. Con cada pensamiento ponemos en acción la sustancia nerviosa, y ésta se fluye apresuradamente al centro donde enfocamos la atención. Cuando estamos muy emocionados o interesados por algo acumulamos vitalidad en la cabeza, si no sabemos cómo estabilizar o nivelar esta energía y vitalidad en el cuerpo, experimentaremos un dolor de cabeza o una congestión nasal o resfriado. Para nivelar la energía, centra la atención en la laringe y declara: "Mi mente y cuerpo gozan del perfecto poder armonizador y estabilizador con el que han sido dotados".

En el proceso regenerativo existe una transmutación física permanente vinculada a la conciencia mayor, y un nuevo elemento se hace presente en el organismo. "El encargado del banquete" (el Señor) alaba la sustancia que ha sido transmutada y determina que es de alta calidad, el mejor vino que ha sido ofrecido en la boda.

> 12Después de esto descendieron a Capernaúm él, su madre, sus hermanos y sus discípulos; y se quedaron allí no muchos días.

Capernaúm representa una convicción interna de la compasión moradora y el poder restaurador del Ser. Cuando uno entra a este estado de conciencia una virtud sanadora surge del alma y transforma cualquier discordia en armonía.

Jesús, Su madre, Sus hermanos y Sus discípulos fueron a este estado de conciencia.

> 13Estaba cerca la Pascua de los judíos, y subió Jesús a Jerusalén.

Tenemos la tendencia de repetir lo que pensamos. Con cada repetición cada pensamiento se vuelve más fuerte o débil dependiendo de si lo reconocemos o ignoramos. He ahí por qué podemos cultivar una mente buena al darle una afirmación especial (un banquete). El banquete de la Pascua de los judíos en Jerusalén a la cual Jesús fue, simboliza liberación de cualquier atadura. Cuando comenzamos a disciplinar nuestras mentes, crecemos en conciencia. Y es desde nuestra perspectiva espiritual elevada desde donde podremos realmente ver las cosas claramente y con un enfoque justo.

> [14]Encontró en el Templo a los que vendían bueyes, ovejas y palomas, y a los cambistas que estaban allí sentados.

Cuando echamos la luz del Espíritu en el subconsciente, las afueras, del cuerpo-templo encontramos condiciones sorprendentes y alarmantes allí. No esperamos encontrar carniceros o cambistas en un templo destinado a adorar a Dios, sin embargo, encontramos condiciones similares en nosotros.

> [15]E hizo un azote de cuerdas y echó fuera del Templo a todos, con las ovejas y los bueyes; también desparramó las monedas de los cambistas y volcó las mesas; [16]y dijo a los que vendían palomas: —Quitad esto de aquí, y no convirtáis la casa de mi Padre en casa de mercado.

El cuerpo-templo ha de ser limpiado, ya que es la casa de Dios ("Vosotros sois el templo del Dios viviente" 2 Co. 6:16), y debe ser puesto en orden. El primer paso para llevar a cabo esta limpieza es reconocer sus necesidades. El siguiente paso es crear "un azote de cuerdas", es decir, crear negaciones. En términos generales, cuando negamos limpiamos la conciencia. Pero pueden haber pecados secretos que estén muy arraigados internamente a ciertas partes de la conciencia. Las palabras que usualmente llegan a estos errores escondidos no son las más elaboradas tales como: "Soy uno con el Todopoderoso; mi ambiente es Dios", sino las frases sencillas cortas y definitivas que azotan la mentalidad sensual de la carne.

Para lograr resultados perfectos es necesario lidiar con nuestra mente tanto en lo absoluto como en lo relativo. Puede que temprano en la mañana afirmemos: "Todos los asuntos de mi vida están bajo la ley de justicia, y lo mío viene a mí de modos divinos", para luego darnos cuentas de que antes de que llegue el mediodía estamos buscando en el periódico las ofertas del día que ofrecen las tiendas. Tal experiencia nos muestra que no hemos ido al templo para volcar las mesas y desparramar las monedas.

> 17Entonces recordaron sus discípulos que está escrito: «El celo de tu casa me consumirá».

El celo excesivo al observar las normas religiosas de adoración carcome lo verdaderamente espiritual. "El celo de tu casa me ha consumido." Cuando nos volvemos muy celosos al observar los ritos de la iglesia, nos volvemos propensos a olvidar la iglesia misma, que es el Cristo.

La luz de Jesucristo es, simbólicamente, la vida de todo aquel que entra en el mismo estado de consciencia en el que Él entró. Siempre cosechamos de acuerdo a nuestros pensamientos, y para entrar en la Mente Crística debemos pensar del modo en que Jesucristo lo hizo.

Cada ser humano produce un ambiente de pensamiento que tiene el carácter y poder equivalentes a la habilidad del pensador. El poder aumenta según la expansión. El poder del pensamiento es enorme o pequeño en proporción a los ideales que se mantengan. Cuando seguimos ideales estrechos el ambiente de pensamiento se contrae en la misma medida. Pero el ámbito de la mente lo puede aumentar y fortalecer en todas las direcciones.

¿Cómo puede esconderse el hombre?, dice Confucio. No puede hacerlo ante la luz del ambiente de pensamiento que lo rodea. Casi todos tenemos la capacidad de sentir el ambiente de pensamiento de las personas que vienes a nuestro encuentro; y podemos cultivar la habilidad de proyectarnos a nosotros mismos a tal punto que nos convertimos en un libro abierto y nuestro aire está lleno de palabras silentes pero potentes que comunican lo que guardamos en nuestro pensamiento.

El ambiente de pensamiento es una cosa real y sustancial, y contiene todo aquello que da forma al cuerpo. Tenemos la tendencia de considerar aquello que no podemos ver como insustancial y, aunque se nos ha dicho que no podemos esconder lo que somos, proseguimos creyendo que sí podemos. He allí por qué es bueno para nosotros saber que llevamos con nosotros una verdad en el libro abierto de nuestra vida que todas las personas pueden leer, nos demos cuenta de ello o no. Algunas personas son muy buenas leyendo el pensamiento de otros mientras que a otras les es un poco más difícil, pero todos podemos hacerlo así sea un poquito, por ende, no podemos esconder lo que somos. También, tu ambiente de pensamiento está constantemente grabando palabras en tu cuerpo, donde pueden ser percibidas por otros. Mas, con un poco de práctica, podemos llegar a sentir la fuerza de pensamiento de este ambiente que nos rodea y gradualmente estar conscientes de su existencia, la cual es tan real como el mundo externo.

"Piensen estas cosas", nos instó Pablo. Piensen acerca de Cristo como la fuerza de vida penetrando todo tu ser. Trata de sentir esta fuerza como una energía pulsante en todo nervio y fibra de tu ser. Luego, imagina que esta energía es una luz que ilumina cada célula. La luz, representa inteligencia, y cuando la luz en ti irrumpe proveyendo entendimiento, sabrás que existe una mente espiritual que es mucho más grande que la mente natural, así como el sol es más grande que la luna. En Él hayamos vida, y esta vida es la luz del ser humano.

> 18Los judíos respondieron y le dijeron: —Ya
> que haces esto, ¿qué señal nos muestras? 19Respondió
> Jesús y les dijo: —Destruid este templo y en tres días lo
> levantaré. 20Entonces los judíos dijeron: —En cuarenta
> y seis años fue edificado este Templo, ¿y tú en tres días
> lo levantarás? 21Pero él hablaba del templo de su cuerpo.
> 22Por tanto, cuando resucitó de entre los muertos, sus
> discípulos recordaron que había dicho esto, y creyeron
> en la Escritura y en la palabra que Jesús había dicho.

El templo mencionado aquí es el cuerpo, lo cual es aclarado en el versículo 21: "Pero él hablaba del templo de su cuerpo". La capacidad del hombre de preservar su cuerpo de la destrucción es prueba de que él es dueño de su mente. Así que mientras nuestro cuerpo muestre señales de decadencia, esto significa que no nos hemos deshecho del reino interno de los "aniquiladores de pensamientos" que matan palomas, ovejas, bueyes y cabras como sacrificios. Hago alusión aquí al tipo de pensamiento destructivo que yace en lo profundo de la conciencia que afecta los asuntos de la vida misma.

Los "tres días" mencionados por Jesús tienen que ver con el espíritu, el alma y el cuerpo. Es decir, los tres "niveles" o partes de la conciencia humana. Cuando el YO SOY del ser humano ha purificado y se ha impuesto sobre estos tres niveles de conciencia, entonces él se encuentra en el dominio que es proclamado para él en el primer capítulo de Génesis. La Escritura, o el Verbo de Dios, ha sido satisfecho en él y sus facultades (discípulos) lo reconocen y responden a él cada vez que la palabra vivificante (la palabra que resucita) es proclamada.

> 23Mientras estaba en Jerusalén, en la fiesta de la Pascua, muchos creyeron en su nombre al ver las señales que hacía.
>
> 24Pero Jesús mismo no se fiaba de ellos, porque los conocía a todos; 25y no necesitaba que nadie le explicara nada acerca del hombre, pues él sabía lo que hay en el hombre.

La Verdad pertenece al orden absoluto y no tiene que ser probada. Jesús reconoció este hecho y por ello no sintió que era necesario darle gran valor a la opinión de aquellos quienes todavía no habían logrado plenamente la conciencia espiritual.

Juan: Capítulo 3

[1]Había un hombre de los fariseos que se llamaba Nicodemo, dignatario de los judíos. [2]Este vino a Jesús de noche y le dijo: —Rabí, sabemos que has venido de Dios como maestro, porque nadie puede hacer estas señales que tú haces, si no está Dios con él.

Este tercer capítulo de Juan comienza con una narrativa acerca de Nicodemo, un "dignatario de los judíos," su visita a Jesús "de noche" (que significa la oscuridad de la comprensión intelectual) y su confesión: "sabemos que has venido de Dios como maestro, porque nadie puede hacer estas señales que tú haces, si no está Dios con él."

Jesús le dijo que debía "nacer de nuevo", "de agua y del espíritu". Aquí se ve un reconocimiento por parte del Maestro de la operación de la ley divina de evolución.

Toda "herencia" de ideas y creencias tiene una base mental. "Heredamos" algunos estados mentales de nuestros antepasados. Una religión "heredada" o transmitida es un estado oscuro si no hay una comprensión real en él. Ésta es la mentalidad de Nicodemo. Él fue un fariseo y dignatario de los judíos. Representa el lado fariseo de nuestra mentalidad que observa las formas externas de religión sin comprender el verdadero significado. Aceptamos la afiliación religiosa de nuestros padres sin pensar en su origen. Hubo un tiempo cuando se consideraba evidencia de desobediencia de parte de los hijos afiliarse a una iglesia diferente a la que sus padres pertenecían. Los judíos eran especialmente rígidos en su adherencia a su religión tradicional, y se referían con orgullo a sus padres: Abrahám, Isaac y Jacob, quienes fueron enseñados por Dios.

Este pensamiento religioso conservador preserva la iglesia como una institución y restringe al individuo de ser errático desde el punto de vista religioso. Nicodemo fue amigo de Jesús, pero su defensa del Maestro fue hecha como una pregunta, recordando al Sanedrín de la ley judía que a todo hombre debe escucharse o dársele la oportunidad de defenderse antes de ser condenado. El "dignatario de los judíos" no presionó la defensa de su amigo ante el Sanedrín, y la ayuda que dio en la tumba de Jesús fue comedida, una vez que los perseguidores y los ejecutores habían terminado su trabajo y su atención estaba en otro asunto.

Nicodemo no estaba familiarizado con el poder del Espíritu y en realidad no tenía comprensión de la regeneración, aunque era un "maestro de Israel" (Israel representa los pensamientos pertinentes al departamento religioso de la mente).

> [3]Le respondió Jesús: —De cierto, de cierto te digo que el que no nace de nuevo no puede ver el reino de Dios. [4]Nicodemo le preguntó: —¿Cómo puede un hombre nacer siendo viejo? ¿Puede acaso entrar por segunda vez en el vientre de su madre y nacer? [5]Respondió Jesús:—De cierto, de cierto te digo que el que no nace de agua y del Espíritu no puede entrar en el reino de Dios. [6]Lo que nace de la carne, carne es; y lo que nace del Espíritu, espíritu es. [7]No te maravilles de que te dije: "Os es necesario nacer de nuevo". [8]El viento sopla de donde quiere, y oyes su sonido, pero no sabes de dónde viene ni a dónde va. Así es todo aquel que nace del Espíritu.

Los fariseos se negaron a ser bautizados por Juan. Ellos no consideraban que necesitaban el arrepentimiento que él pedía. Pensaban que eran lo suficientemente buenos para ocupar los lugares elevados en el reino de Dios por su supremacía religiosa la cual era aceptada por el pueblo. Muchas personas se niegan a aceptar sus faltas. Mantienen que son perfectos en la mente divina y que es superfluo negar lo que no tiene existencia. Pero todavía están sujetos a los apetitos y las pasiones de la mortalidad, y continuarán estándolo hasta que "nazcan de nuevo".

El nacimiento nuevo es algo incierto para el cristiano intelectual, de aquí que la creencia popular de que después de la muerte el alma de los que han aceptado el credo de la iglesia y han sido considerados cristianos sufrirán un cambio. Mas, en Sus instrucciones a Nicodemo, Jesús no mencionó que una resurrección después de la muerte tuviera qué ver con el nuevo nacimiento. Él cita el viento siempre presente, aunque invisible, como una ilustración de quienes nacen del Espíritu. El nacimiento nuevo es un cambio que tiene lugar aquí y ahora. Tiene qué ver con la persona actual, para que pueda estar consciente del "Hijo del hombre", que es el YO SOY verdadero en cada individuo. "Nadie subió al cielo sino el que descendió del cielo, el Hijo del hombre, que está en el cielo."

Este capítulo de Juan contiene algunas de las verdades vitales enseñadas en el cristianismo: la evolución del hombre de la conciencia natural a la espiritual, y la encarnación de Jesucristo como el patrón divino para todas las personas que buscan el camino de la vida.

El cristianismo enseña la ley completa de evolución comparada con la exposición parcial de la ley hecha por Darwin y sus asociados. El cristianismo describe a Dios como Espíritu, creando por un proceso comparable a los procesos mentales con los cuales estamos familiarizados. "Dios dijo", y de este modo Dios creó todo lo que iba a aparecer, Dios planeó al ser humano y al universo, y por medio de Su palabra los proyectó a la creación como principios ideales y energías inmanentes actuando por debajo y en toda la invisibilidad. Pero debemos recordar que el Espíritu no puede emerger de lo informe a lo formado sin crear relaciones, en las cuales se necesitan leyes que operen por medio del ser humano y todas las cosas como factores en un universo ordenado. De aquí que hasta Dios está sujeto a Sus leyes o mandamientos. Dios, el Espíritu universal, aparece primero como el ser humano espiritual. El próximo paso en la evolución es la aparición de la idea del hombre espiritual en el hombre adánico. Este ser humano estaba identificado originalmente con una capacidad infinita de expansión. Cuando reconoce su identidad como la de su fuente, el Espíritu, se expande en orden divino y produce sólo el bien. Cuando se aparta de este origen espiritual y presta atención a las experiencias y sensaciones externas, cae en un mundo en el cual una gran diversidad de resultados obtienen lo que él llama bueno y malo. De aquí que se dice que el hombre come "del árbol del conocimiento del bien y del mal." En estas pocas palabras está resumida la caída del hombre del estado edénico, donde tenía la inspiración constante de la Mente creativa, a una conciencia de la materia y de la lucha desesperada de la personalidad por la existencia.

El hombre natural debe evolucionar a lo espiritual. "Y como Moisés levantó la serpiente en el desierto, así es necesario que el Hijo del hombre sea levantado."

Aquí se nos dice que "la luz vino al mundo, pero los hombres amaron más las tinieblas que la luz". El caos mundial resulta de la falta de luz espiritual. Podemos planificar la paz y lograrla, pero si esta paz no está basada en la ley divina, el amor en evolución y la ley incorporada al pacto de paz así como también a las mentes de los que firman ese pacto, no tendremos una paz permanente.

> 9Le preguntó Nicodemo: —¿Cómo puede hacerse esto?

No hay sino un hombre verdadero, el hombre ideal o espiritual que Dios creó. Jesús le estaba explicando a Nicodemo la evolución de este hombre espiritual de su ideal a su estado manifiesto. El ser humano es esencialmente espiritual y así permanece a través de sus varias manifestaciones. Procede del cielo, se manifiesta en la Tierra como una personalidad, y regresa al cielo. El primer Adán estaba en el Paraíso y después de su caída quedó en él suficiente naturaleza espiritual para mantenerlo vivo. Si ese Espíritu que da vida no hubiese quedado en él, toda la familia humana habría perecido con su caída. La fe en el Espíritu y el dominio último del bien en el hombre lo restaurará finalmente al cielo del cual descendió.

El nuevo nacimiento es simplemente que el hombre se dé cuenta de su identidad espiritual, con la plenitud del poder y la gloria que tiene como consecuencia.

> [10]Jesús le respondió: —Tú, que eres el maestro
> de Israel, ¿no sabes esto? [11]De cierto, de cierto te digo
> que de lo que sabemos, hablamos, y de lo que hemos
> visto, testificamos; pero no recibís nuestro testimonio.
> [12]Si os he dicho cosas terrenales y no creéis, ¿cómo
> creeréis si os digo las celestiales? [13]Nadie subió al cielo
> sino el que descendió del cielo, el Hijo del hombre, que
> está en el cielo. [14]Y como Moisés levantó la serpiente en
> el desierto, así es necesario que el Hijo del hombre sea
> levantado, [15]para que todo aquel que en él cree no se
> pierda, sino que tenga vida eterna.
>
> [16]De tal manera amó Dios al mundo, que ha
> dado a su Hijo unigénito, para que todo aquel que en él
> cree no se pierda, sino que tenga vida eterna. [17]Dios no
> envió a su Hijo al mundo para condenar al mundo, sino
> para que el mundo sea salvo por él.

"De tal manera amó Dios al mundo, que ha dado a su Hijo unigénito, para que todo aquel que en él [su propio ser divino] cree no se pierda, sino que tenga vida eterna." No solamente debemos creer en nuestra divinidad, sino que debemos también seguir el ejemplo divino expresado por Jesucristo.

Creer en Jesús es creer que, en el estado regenerado, seremos como Él, "coherederos con Cristo". Esta creencia nos debe llevar a un deseo y un esfuerzo por lograr nuestra herencia, porque entonces sabremos que no hay nada en el universo que valga nuestro esfuerzo. Cada persona en su ser verdadero desea ser tan grande, justa y buena como le sea posible. La puerta abierta para lograr este objetivo es creer en nuestra divinidad y luego elevarnos a su nivel siguiendo el ejemplo de Jesús.

El texto revela el punto central de las buenas nuevas de Jesucristo para la humanidad. En amor, Dios dio Su unigénito, la plenitud de la idea del hombre perfecto en la mente divina, el Cristo, el ser espiritual y verdadero de todo individuo. Al seguir el ejemplo de Jesús de reconocer el Cristo en nuestro pensamiento, nuestra palabra y nuestras acciones, y por ende unificarnos con Su plenitud, lo externo se convertirá en lo interno; seremos como Cristo; Lo conoceremos como es. Quien cree verdaderamente "no vendrá a condenación, sino que ha pasado de muerte a vida."

> 18El que en él cree no es condenado; pero el que no cree ya ha sido condenado, porque no ha creído en el nombre del unigénito Hijo de Dios. 19Y esta es la condenación: la luz vino al mundo, pero los hombres amaron más las tinieblas que la luz, porque sus obras eran malas, 20pues todo aquel que hace lo malo detesta la luz y no viene a la luz, para que sus obras no sean puestas al descubierto. 21Pero el que practica la verdad viene a la luz, para que se ponga de manifiesto que sus obras son hechas en Dios.

La salvación de los resultados del pensamiento erróneo comienza de una vez cuando tenemos fe en el poder del Señor Jesucristo para que nos salve del juicio. Él viene a nosotros en Espíritu para eliminar los efectos de la transgresión de la ley. Cuando percibimos el camino de la rectitud y la Verdad y lo seguimos, recibimos una nueva luz, una comprensión de la ley y entramos en el reino de Dios aquí y ahora. "Hasta el Hijo del hombre, que está en el cielo."

> 22Después de esto vino Jesús con sus discípulos a tierras de Judea, y estuvo allí con ellos y bautizaba.

[23]También Juan bautizaba en Enón, junto a Salim,
porque había allí muchas aguas. Y la gente llegaba y
se bautizaba, [24]pues aún no habían encarcelado a Juan.
[25]Entonces se produjo una discusión entre los discípu-
los de Juan y algunos judíos acerca de la purificación.
[26]Y vinieron a Juan y le dijeron: —Rabí, el que estaba
contigo al otro lado del Jordán, de quien tú diste testi-
monio, él también bautiza, y todos van a él. [27]Respon-
dió Juan: —No puede el hombre recibir nada a menos
que le sea dado del cielo. [28]Vosotros mismos me sois
testigos de que dije: "Yo no soy el Cristo, sino que soy
enviado delante de él". [29]El que tiene a la esposa es el
esposo; pero el amigo del esposo, el que está a su lado
y lo oye, se goza grandemente de la voz del esposo.
Por eso, mi gozo está completo. [30]Es necesario que él
crezca, y que yo disminuya. [31]El que viene de arriba está
por encima de todos; el que es de la tierra es terrenal y
habla de cosas terrenales. El que viene del cielo está por
encima de todos, [32]y de lo que ha visto y oído testifica,
pero nadie recibe su testimonio. [33]El que recibe su testi-
monio, ese atestigua que Dios es veraz, [34]porque aquel a
quien Dios envió, las palabras de Dios habla, pues Dios
no da el Espíritu por medida. [35]El Padre ama al Hijo y
ha entregado todas las cosas en su mano. [36]El que cree
en el Hijo tiene vida eterna; pero el que se niega a creer
en el Hijo no verá la vida, sino que la ira de Dios está
sobre él.

Jesús representa el Cristo. Judea representa la alabanza. Juan el Bautista y Jesús representan la cooperación entre el intelecto y el Espíritu.

Interpretado metafísicamente, Juan el Bautista representa el concepto intelectual de la Verdad y su bautismo significa una limpieza mental. El nombre Salim significa "paz". "Cerca de Salim" significa la conciencia iluminada de la vida espiritual y la paz en el individuo. El agua se refiere a una limpieza natural en la conciencia por parte del poder limpiador del pensamiento y la palabra de purificación y vida. El judío simboliza un pensamiento inquisitivo. Juan explicó con candidez que había dicho antes que Jesús era el Cristo, el Salvador, y que él, Juan, tenía que disminuir mientras que el Cristo debía aumentar. Sin embargo, Juan declaró que él creía verdaderamente que Jesús era el Salvador y que todos quienes creyeran tendrían vida eterna. Pero Juan debe disminuir, y sin embargo, él admite que quienes creen recibirán vida eterna.

Interpretado metafísicamente, Juan el Bautista (representando el intelecto iluminado) disminuye en el plano de los sentidos a medida que el intelecto es elevado en Espíritu y es absorbido completamente por la conciencia espiritual. La facultad disminuye en un plano solamente para renacer en otro más alto. El intelecto iluminado coopera completamente con el Espíritu, así que hay una unión y una fusión de esos poderes hasta que el mero intelecto cese de ser mero intelecto y sea absorbido por el Espíritu. Éste es el desarrollo ideal. hay quienes están tan atados a sus creencias, tan adscritos a la letra de la ley, que piensan que la intelectualidad es el desarrollo más elevado. Todavía no han logrado la habilidad de percibir o recibir las cosas del Espíritu. Quienes están en el proceso de desarrollo de Juan el Bautista cooperan voluntariamente con el Cristo en cada paso del camino. La verdad es que todos estamos bajo la ley de expansión infinita, y el desarrollo de la raza debe continuar. Por eso, se dice que "el Hijo del hombre debe ser elevado."

Un ejemplo de cómo el intelecto sirve puede ilustrarse por el uso de la "x" en álgebra. La x significa una cantidad no determinada. Cuando el problema es resuelto, la x se borra. De aquí que el intelecto es la herramienta del Espíritu, así como la x es una herramienta utilizada en la operación matemática. En la conciencia de Juan el Bautista la conciencia obedecemos y conformamos nuestro pensamiento a los requisitos de lo espiritual en lugar de a los de lo natural. La vida del Espíritu es algo que tiene cualidades perdurables. Es superior a la vida que viene y va por medio de la muerte y nacer de nuevo.

Cuando el intelecto redimido está fusionado plenamente con la luz del Cristo, entonces el Espíritu morador de la verdad está libre para llevar a cabo muchos llamados milagros. Éste construye un puente sobre las dificultades y cimienta las fuerzas del alma en un instrumento perfecto de Dios para lograr Su gloria. Cuando uno alcanza este plano de desarrollo espiritual, uno avanza a grandes zancadas.

Para cumplir con la ley divina de su ser, el ser humano debe darse cuenta de que él es el Hijo de Dios en manifestación, que él provino de lo alto y está por sobre todo; también debe comprender que en su evolución él deja la conciencia terrenal y asciende a lo espiritual bajo una ley mental. "El que viene de arriba está por encima de todos; el que es de la tierra es terrenal y habla de cosas terrenales." Porque a quien Dios ha enviado habló las palabras de Dios. "El Padre ama al Hijo y ha entregado todas las cosas en su mano."

Juan: Capítulo 4

[1]Cuando, pues, el Señor supo que los fariseos
habían oído decir: «Jesús hace y bautiza más discípu-
los que Juan» [2](aunque Jesús no bautizaba, sino sus
discípulos), [3]salió de Judea y se fue otra vez a Galilea.
[4]Y le era necesario pasar por Samaria. [5]Fue, pues, a una
ciudad de Samaria llamada Sicar, junto a la heredad
que Jacob dio a su hijo José. [6]Y estaba allí el pozo de
Jacob. Entonces Jesús, cansado del viaje, se sentó junto
al pozo. Era como la hora sexta.

El nombre Samaria significa "atalaya"; y Samaria representa ese departamento de la conciencia objetiva que funciona por medio de la cabeza. El nombre Sicar significa "beodo", y el lugar simboliza un estado mental confuso. Sicar etaba situada cerca de una parcela de terreno que Jacob dio a su hijo José; sicológicamente corresponde a la frente, el asiento de la percepción intelectual. Aquí está también el pozo de Jacob—inspiración por medio del intelecto únicamente.

Jesús —YO SOY— abarca el ser humano completo, adentro y afuera, y el YO SOY "descansa" en el punto donde lo intelectual y lo espiritual se encuentran.

[7]Llegó una mujer de Samaria a sacar agua; y
Jesús le dijo: —Dame de beber [8]—pues sus discípulos
habían ido a la ciudad a comprar alimentos—. [9]La
mujer samaritana le dijo: —¿Cómo tú, siendo judío,
me pides a mí de beber, que soy mujer samaritana?—
porque judíos y samaritanos no se tratan entre sí—.
[10]Respondió Jesús y le dijo: —Si conocieras el don de
Dios, y quién es el que te dice: "Dame de beber", tú
le pedirías, y él te daría agua viva. [11]La mujer le dijo:
—Señor, no tienes con qué sacarla, y el pozo es hondo.
¿De dónde, pues, tienes el agua viva? [12]¿Acaso eres tú

mayor que nuestro padre Jacob, que nos dio este pozo,
del cual bebieron él, sus hijos y sus ganados? [13]Jesús
le contestó: —Cualquiera que beba de esta agua vol-
verá a tener sed; [14]pero el que beba del agua que yo le
daré no tendrá sed jamás, sino que el agua que yo le
daré será en él una fuente de agua que salte para vida
eterna.[15]La mujer le dijo: —Señor, dame esa agua, para
que no tenga yo sed ni venga aquí a sacarla. [16]Jesús le
dijo: —Ve, llama a tu marido, y ven acá. [17]Respondió la
mujer y dijo: —No tengo marido. Jesús le dijo: —Bien
has dicho: "No tengo marido", [18]porque cinco maridos
has tenido y el que ahora tienes no es tu marido. Esto
has dicho con verdad. [19]Le dijo la mujer: —Señor, me
parece que tú eres profeta. [20]Nuestros padres adoraron
en este monte, pero vosotros decís que en Jerusalén es
el lugar donde se debe adorar. [21]Jesús le dijo:—Mujer,
créeme que la hora viene cuando ni en este monte ni en
Jerusalén adoraréis al Padre. [22]Vosotros adoráis lo que
no sabéis; nosotros adoramos lo que sabemos, porque
la salvación viene de los judíos. [23]Pero la hora viene, y
ahora es, cuando los verdaderos adoradores adorarán
al Padre en espíritu y en verdad, porque también el
Padre tales adoradores busca que lo adoren. [24]Dios es
Espíritu, y los que lo adoran, en espíritu y en verdad es
necesario que lo adoren. [25]Le dijo la mujer: —Sé que ha
de venir el Mesías, llamado el Cristo; cuando él venga
nos declarará todas las cosas. [26]Jesús le dijo: —Yo soy,
el que habla contigo. [27]En esto llegaron sus discípulos
y se asombraron de que hablara con una mujer; sin
embargo, ninguno dijo: «¿Qué preguntas?» o «¿Qué
hablas con ella?». [28]Entonces la mujer dejó su cántaro,
fue a la ciudad y dijo a los hombres: [29]—Venid, ved a
un hombre que me ha dicho todo cuanto he hecho. ¿No
será este el Cristo? [30]Entonces salieron de la ciudad y
vinieron a él.

Jesús predicó uno de Sus sermones más grandes a la mujer en el pozo; ella era samaritana, pagana, ("porque judíos y samaritanos no se tratan entre sí"). Su concepto más elevado de Dios era el de un ser a quien había que adorar en algún templo en Jerusalén o en cierta montaña. Jesús le dijo: "24Dios es Espíritu, y los que lo adoran, en espíritu y en verdad es necesario que lo adoren".

Para adorar a Dios debemos saber verdaderamente donde está y cómo acercarnos a Él. Si, como muchos enseñan, Dios vive en el cielo, y éste está situado en algún sitio en el firmamento, tenemos una conciencia de separación de Dios y nuestro acercamiento a Él es incierto.

Pero cuando sabemos la verdad acerca de Dios, que es Espíritu omnipresente manifestándose a nuestra mente cuando pensamos en Él como uno con nosotros en Espíritu y respondiendo a todos nuestros pensamientos, entonces lo conocemos como es verdaderamente.

Esta lección en omnipresencia necesita repetición constante porque funcionamos mental y físicamente, y lo material o manifiesto predomina. Aquí se nos dice que Jesús fue de Judea a Galilea. Judea tiene connotación de Espíritu y Galilea de manifestación. Jesús dijo a la mujer que la salvación venía de los de Judea, o los de mente espiritual. Es fácil comprender a Dios como Espíritu y al hombre como Su descendiente espiritual.

La "fuente de agua que salte para vida eterna" es la fuente de la inspiración crística en la conciencia humana. Cuando el sello del pensamiento material se rompe, esta vida espiritual interna fluye serenamente, majestuosamente, revitalizando y renovando la mente y el cuerpo. A la luz clara de la Verdad estamos conscientes de la vida como incambiable y eterna.

La samaritana representa la dualidad del alma o el subconsciente. No es la fuente verdadera de la sabiduría, aunque muchos que buscan la Verdad no pueden distinguir entre sus revelaciones y las del Espíritu. En la metafísica hindú, se conoce como el alma humana y el alma animal.

Los samaritanos decían ser descendientes de Jacob, y utilizaban porciones de las escrituras hebreas, pero ante los ojos de los israelitas, los samaritanos fingían, no eran seguidores fieles de

Jehová. De aquí que las personas iluminadas espiritualmente ven en los fenómenos síquicos y espiritistas y en las revelaciones de esa rama del ocultismo una imitación de la Verdad, sin una comprensión verdadera de su relación con el Espíritu.

Pero el alma tiene que tener la Verdad, y Cristo reconoce el alma como digna; de aquí su maravillosa lección en Juan 4:9-26 narrada por alguien que la oyó. El alma obtiene su vida de la fuente más alta, el Espíritu omnipotente. Jesús pidió de beber a la mujer, lo cual indica la universalidad de la vida espiritual, presente en la samaritana así como también en Jesús.

"El don de Dios" para el ser humano es la vida eterna. El alma, consciente de esta verdad, pide al Padre la manifestación de esta vida y de ella mana un caudal constante. Pero cuando la conciencia de los sentidos domina, el alma es lenta en ver las realidades de las ideas, los pensamientos y las palabras; la vista está fija en las maneras y los medios materiales; "No tienes con qué sacarla,... ¿De dónde, pues, tienes el agua viva? Ésta es una antesala justa del estatus de los que hoy en día cuestionan y piden una explicación de las cosas espirituales basada en lo material.

El Cristo discierne los pensamientos y lee la historia del alma como un libro abierto. Cuando Jesús mostró esta habilidad a la mujer, ella tuvo fe en Él de una vez y Lo aceptó como un profeta, no porque ella comprendiera Su doctrina, sino porque Él le había dicho su pasado: "Venid, ved a un hombre que me ha dicho todo cuanto he hecho".

En su estado natural, el alma está adherida a cosas locales, formas y condiciones del mundo. Ella cree en la importancia de los lugares de adoración y en la observación de las formas externas. La mente del Espíritu hace a un lado todas esas formalidades y proclama la universalidad de las fuerzas espirituales. "Dios es Espíritu". "Ni en este monte ni en Jerusalén adoraréis al Padre." El alma, al caer en las formas de adoración, no captan la comprensión verdadera, mas, los de mente crística conocen al Espíritu. Ellos entran a la conciencia de la vida y sustancia informes y son satisfechos.

Los judíos representan la comprensión espiritual, la inspiración; los gentiles representan la comprensión material. La salvación viene solamente por medio de la inspiración espiritual. Ésta es la interpretación interna de las palabras de Jesús, "la salvación viene de los judíos ".

La "mujer samaritana" es una combinación del lado intelectual y el emocional del alma. Jesús se encontró con ella en el pozo de Jacob (inspiración sólo por medio del intelecto) en la ciudad de Sicar (estado mental confuso). El YO SOY (Jesús) tiene poder para armonizar el intelecto por medio del poder del Espíritu. Pero antes de que el YO SOY pueda hacer esto, debe lograr la atención inteligente del estado de conciencia mixta simbolizado por Sicar y los samaritanos. Siendo una combinación de sangre hebrea y gentil, los samaritanos eran una raza mezclada; la mujer en el pozo reconoció la separación que existe entre la Verdad absoluta y los pensamientos mezclados del intelecto. Jesús no temió contaminarse por tal comunión. Estuvo dispuesto a beber la inspiración de este plano mental, y al hacerlo, se puso en contacto con los intereses de dicho plano.

La conciencia de Jesús incita a los intelectuales a reconocer el regalo de Dios, el Espíritu de amor y hermandad universal. Invita a sus pensamientos a que reciban la inspiración divina, la cual puede tenerse con sólo pedirla. "Pedid, y recibiréis."

La actitud inquisitiva y analítica adoptada por la mujer en el pozo representa la tendencia del intelecto a discutir: "No veo medios visibles por los cuales puedas obtener el agua de la vida eterna". ¿Eres mayor que todos los precedentes y antecedentes de la herencia y la experiencia intelectuales? Estas suposiciones de la persona de mente espiritual de que poseen una verdad mayor que la razón humana parecen ser improbables y efímeras. No son sino unas pocas de las preguntas y objeciones del sabio intelectual.

Sin embargo, la percepción espiritual continúa afirmando que tiene la inspiración que nunca fallará o resultará escasa. La percepción mortal comprende tan poco que está constantemente pidiendo más. Nunca está satisfecha con sí misma o con el conocimiento que encuentra; pero quien bebe de la inspiración espiritual verdadera nunca tendrá sed. Será "un manantial de agua que mana vida eterna".

El símbolo externo del rendir culto es la adoración, el homenaje; pero la adoración en Espíritu y Verdad también involucra la unión absoluta con el personaje o el objeto de la adoración. Por ello, para cumplir con los requisitos de la adoración espiritual, son necesarios una comprensión correcta de Dios y un desarrollo de Su espíritu en uno mismo.

> 31Entre tanto, los discípulos le rogaban,
> diciendo: —Rabí, come. 32Él les dijo: —Yo tengo una
> comida que comer, que vosotros no sabéis. 33Entonces
> los discípulos se decían entre sí: —¿Le habrá traído
> alguien de comer? 34Jesús les dijo: —Mi comida es que
> haga la voluntad del que me envió y que acabe su obra.
> 35¿No decís vosotros: "Aún faltan cuatro meses para que
> llegue la siega"? Yo os digo: Alzad vuestros ojos y mirad
> los campos, porque ya están blancos para la siega. 36Y el
> que siega recibe salario y recoge fruto para vida eterna,
> para que el que siembra se goce juntamente con el que
> siega. 37En esto es verdadero el dicho: "Uno es el que
> siembra y otro es el que siega". 38Yo os he enviado a
> segar lo que vosotros no labrasteis; otros labraron y
> vosotros habéis entrado en sus labores.

En el lado divino de su ser el ser humano hace contacto con las ideas espirituales, las cuales son la fuente de la sustancia externa o alimento. El hombre natural (representado por los discípulos) piensa que la sustancia necesaria para el alimento debe pasar por el proceso material de sembrar y cosechar, mas, en Espíritu, la sustancia pura siempre está a la mano, lista para ser apropiada por la conciencia interna. En estados de alta comprensión espiritual el deseo de comida material se desvanece. Jesús ayunó por cuarenta días y después "tuvo hambre".

[39]Muchos de los samaritanos de aquella ciudad
creyeron en él por la palabra de la mujer, que daba
testimonio diciendo: «Me dijo todo lo que he hecho».
[40]Entonces vinieron los samaritanos a él y le rogaron
que se quedara con ellos, y se quedó allí dos días.
[41]Muchos más creyeron por la palabra de él, [42]y decían
a la mujer: —Ya no creemos solamente por lo que has
dicho, pues nosotros mismos hemos oído y sabemos
que verdaderamente este es el Salvador del mundo, el
Cristo.

Siempre hay personas que necesitan ayuda, y ésa es nuestra oportunidad de brindarla. La mujer a quien Jesús ayudó en el pozo corrió a la ciudad a contarles a las personas acerca de Él. El resultado fue que muchos vinieron a Él, y Él ayudó a todos, probando que la salvación es para todos. "Dios no hace acepción de personas." La salvación viene a todos los que asimilan y se apropian de estas verdades y permiten que ellas encuentren expresión en y por medio de ellos. Jesús sanó y liberó a quienes Él ayudó, y ellos creyeron, no por lo que la mujer había dicho, sino porque ellos mismos fueron testigos de lo que Jesús hizo.

[43]Dos días después salió de allí y fue a Galilea,
[44]pues Jesús mismo dio testimonio de que al profeta no
se le honra en su propia tierra. [45]Cuando llegó a Galilea,
los galileos lo recibieron, pues habían visto todas las
cosas que había hecho en Jerusalén, en la fiesta, porque
también ellos habían ido a la fiesta.

Jesús vino a Galilea, y los galileos Lo recibieron. Interpretado espiritualmente, esto significa que el Cristo morador alcanza la consumación espiritual, la unidad espiritual con el Espíritu original, en la medida en que manifieste vida y funcione en la conciencia del Espíritu. La actividad de la vida (Galilea) es omnipresente y el ser humano necesita aprender las leyes del Espíritu, las leyes que gobiernan todas las cosas manifiestas y su relación con ellas.

El hombre natural mira a lo que considera misterioso y maravilloso. No se impresiona por nada que él cree que sabe o comprende. Para él los milagros son algo que espera que se realicen de algún modo extraordinario. Por ello, Jesús, el hijo del carpintero, tenía un origen demasiado común para Sus paisanos para que éstos tuvieran fe en Su proclamada inspiración espiritual. "Nadie es profeta en su tierra." Por eso el Maestro "no hizo allí muchos milagros debido a la incredulidad de ellos".

> 46 Fue, pues, Jesús otra vez a Caná de Galilea,
> donde había convertido el agua en vino. Había en
> Capernaúm un oficial del rey, cuyo hijo estaba enfermo.
> 47 Cuando oyó aquel que Jesús había llegado de Judea a
> Galilea, fue a él y le rogó que descendiera y sanara a su
> hijo, que estaba a punto de morir. 48 Entonces Jesús le
> dijo: —Si no veis señales y prodigios, no creeréis. 49 El
> oficial del rey le dijo: —Señor, desciende antes que mi
> hijo muera. 50 Jesús le dijo: —Vete, tu hijo vive. El hom-
> bre creyó la palabra que Jesús le dijo, y se fue. 51 Cuando
> ya él descendía, sus siervos salieron a recibirlo, y le
> informaron diciendo: —Tu hijo vive. 52 Entonces él les
> preguntó a qué hora había comenzado a mejorar. Le
> dijeron: —Ayer, a la hora séptima, se le pasó la fiebre.
> 53 El padre entonces entendió que aquella era la hora en
> que Jesús le había dicho: «Tu hijo vive». Y creyó él con
> toda su casa. 54 Esta segunda señal hizo Jesús cuando fue
> de Judea a Galilea.

Muchos de los que se dicen cristianos profesan que la curación del hijo del noble fue un milagro llevado a cabo solamente para probar que Jesús provenía de Dios. Un comentarista de la Biblia, quien es considerado muy docto en la interpretación de la Biblia, dijo: "Los milagros han sido forjados solamente para autenticar las revelaciones sobrenaturales de quienes los hacen, así que cuando una revelación esta siendo otorgada verdaderamente, las mentes torpes de los hombres son incitadas a discernir y poner su atención en ella gracias a las obras indudables del poder divino, las cuales demuestran que el que hace la revelación debe traer n mensaje directamente de Dios." Sin embargo, Jesús mismo enseñó que quienes creyeran en Él harían las obras que Él hacía y aún mayores.

El hecho es que la curación del hijo del noble ha sido duplicada cada día del año por los seguidores modernos de los métodos de Jesús, seguidores que tienen innumerables pacientes ausentes, a quienes nunca ven y sin embargo, a quienes sanan tan eficazmente como Jesús sanó al hijo del noble. Unity tiene casos similares a este todos los días, y los testimonios que recibimos atestiguan la eficacia de nuestro ministerio de curación. La luz de la Verdad resplandece con más brillo hoy que nunca antes. La misma fe que sanó al hijo del noble sanará a todas las personas quienes abran su mente a ella y dejen ir el prejuicio y la incredulidad. Este hecho está siendo demostrado a todos quienes están dispuestos a creer.

La fe de parte del paciente o de alguien vinculado a él es un factor importante en la curación a distancia. Este noble tenía fe en que Jesús podía sanar a su hijo, y cuando Jesús dijo la verdad positiva "Vete, tu hijo vive." Él "creyó la palabra".

La curación espiritual es tan maravillosa y va tan más allá del rango de la explicación humana que puede parecer sobrenatural. No podemos explicar esto claramente, pero esto sabemos: Cuando logramos la unidad con la fuerza invisible que mueve la mente, una energía nueva y más elevada fluye en nosotros; el pensamiento está ardiente y hasta nuestras palabras parecen tener vida. Cuando la palabra del pensamiento espiritualizado es enviada a la mente receptiva, es conducida como las oscilaciones del telégrafo inalámbrico; hay un éter de pensamiento universal que lleva el mensaje.

Cuando la palabra pasa de un centro espiritual (representado por Jesús y Sus apóstoles) se convierte en dadora de vida para todos aquellos que creen en lo espiritual como fuente de vida. Por medio de la fe se "sintonizan" y reciben el mensaje de la palabra viviente. "Las palabras que yo os he hablado son espíritu y son vida." "El cielo y la tierra pasarán, pero mis palabras no pasarán."

Juan: Capítulo 5

[1]Después de esto había una fiesta de los judíos,
y Jesús subió a Jerusalén.

Jerusalén es el centro espiritual de la conciencia. Una fiesta en Jerusalén es un estado mental receptivo hacia todo el bien espiritual y la apropiación de ese bien para su uso futuro. Jerusalén significa "ciudad de paz". Cuando llegamos a las profundidades de nuestra alma nos damos cuenta de una quietud y una dulzura más allá de toda expresión. Allí hay una gran paz, "la paz de Dios, que sobrepasa todo entendimiento," y una abundancia de sustancia indescriptible que llena la conciencia hasta donde el influjo de la sustancia original tiene lugar.

[2]Hay en Jerusalén, cerca de la Puerta de las
Ovejas, un estanque, llamado en hebreo Betesda, el
cual tiene cinco pórticos. [3]En estos yacía una multitud
de enfermos, ciegos, cojos y paralíticos, que esperaban
el movimiento del agua, [4]porque un ángel descendía de
tiempo en tiempo al estanque y agitaba el agua; el que
primero descendía al estanque después del movimiento
del agua quedaba sano de cualquier enfermedad que
tuviera. [5]Había allí un hombre que hacía treinta y ocho
años que estaba enfermo. [6]Cuando Jesús lo vio acos-
tado y supo que llevaba ya mucho tiempo así, le dijo:
—¿Quieres ser sano? [7]El enfermo le respondió: —Señor,
no tengo quien me meta en el estanque cuando se agita
el agua; mientras yo voy, otro desciende antes que yo.
[8]Jesús le dijo: —Levántate, toma tu camilla y anda. [9]Al
instante aquel hombre fue sanado, y tomó su camilla y
anduvo.

Las ovejas son los animales más inofensivos e inocentes, y representan la vida natural que fluye hacia la conciencia del hombre desde el Espíritu. Esta vida es pura, inocente, sincera; y cuando abrimos nuestra mente para comprender la vida del Espíritu, abrimos la Puerta de las Ovejas.

Hay una piscina llamada Betesda (que significa "casa de misericordia") o "Lugar de recibir a los enfermos y cuidar de ellos"). También hay cinco pórticos. Este "estanque" representa la comprensión en conciencia de que nuestra vida está constantemente siendo purificada, sanada y renovada por la actividad de la mente. Físicamente esto está expresado en la purificación y composición de la sangre al entrar en contacto con el oxígeno del aire en los pulmones. El movimiento de las aguas del estanque es constante, y cuando nuestra mente está activa todos los corpúsculos sanguíneos vacíos son purificados y renovados. Esta multitud de paralíticos (corpúsculos de la vida vacíos) yace cerca de este estanque, bajo cinco pórticos (los cinco sentidos). La conciencia de "los cinco sentidos" no se da cuenta del poder que tiene el YO SOY para avivar las funciones internas del organismo humano y; por ende, permite que las células de la vida, débiles y vacías, se acumulen y sean una carga para su sistema, cuando sólo un pensamiento de vida activado por medio de la ley divina las libraría de su inutilidad.

Cuando la persona comprende el poder que tiene el YO SOY para declarar la palabra ejecutoria, no es necesario que la purificación y renovación de los corpúsculos vacíos tengan lugar por medio de los pulmones. Jesús, el YO SOY del Espíritu, no dijo al hombre que bajara al estanque y sanara, sino que le dijo: "—Levántate, toma tu camilla y anda". Aquí vemos que la obra del Espíritu no está confinada a las actividades físicas, aunque no las ignora. Si tu capacidad pulmonar no es igual a la purificación de la sangre, aumenta esta capacidad declarando la ley de la vida activa. La sangre anémica puede recobrar su vigor al centrarse diariamente en lo espiritual, y bajo el influjo perpetuo de la vida nueva y de la salida de la vida vieja, los pulmones harán tu voluntad.

No te limites a las llamadas leyes establecidas de la naturaleza o al pensamiento mortal del hombre de que si tienes "treinta y ocho" años la vida comienza a decaer, que tu "sábat" o día de reposo se acerca. Es "legal" en el Espíritu declarar la actividad perpetua de la vida en todas partes, en cualquier momento y bajo cualquier circunstancia. La vida divina no reconoce las leyes que el intelecto ha creado para gobernarla. La vida está siempre activa. Presente constantemente en toda su plenitud y poder, y no tiene día de descanso o "sábat".

> Era sábado aquel día. [10]Entonces los judíos dije-
> ron a aquel que había sido sanado: —Es sábado; no te es
> permitido cargar tu camilla. [11]Él les respondió: —El que
> me sanó, él mismo me dijo: "Toma tu camilla y anda".
> [12]Entonces le preguntaron: —¿Quién es el que te dijo:
> "Toma tu camilla y anda"? [13]Pero el que había sido sanado
> no sabía quién era, porque Jesús se había apartado de la
> gente que estaba en aquel lugar. [14]Después lo halló Jesús
> en el Templo y le dijo: —Mira, has sido sanado; no peques
> más, para que no te suceda algo peor. [15]El hombre se fue
> y contó a los judíos que Jesús era quien lo había sanado.
> [16]Por esta causa los judíos perseguían a Jesús e intentaban
> matarlo, porque hacía estas cosas en sábado. [17]Jesús les
> respondió: —Mi Padre hasta ahora trabaja, y yo trabajo.
> [18]Por esto los judíos aun más intentaban matarlo, porque
> no solo quebrantaba el sábado, sino que también decía
> que Dios era su propio Padre, haciéndose igual a Dios.

Éstos judíos en particular no comprendían el verdadero "sábat", el cual es un estado de conciencia obtenido por medio de la meditación y la comprensión de que la ley se cumple tanto en pensamiento como en acto.

"El séptimo día es de reposo para Jehová" no tiene nada qué ver con ningún día de la semana. Dios no le puso nombre a los días ni a las semanas, ni tampoco ha oscurecido Sus conceptos acerca de la Verdad con el asunto del tiempo.

De aquí que es durante el período de descanso conocido como el "sábat" que las demostraciones surgen, en ese estado de conciencia en el cual el hombre que estaba enfermo dejó ir todas las apariencias falsas, tomó su camilla y anduvo.

Muchas veces se evita la discordia externa cuando el Cristo aparentemente se aparta de lo externo dando tiempo para que el intelecto inestable calme un poco su furia. ("Jesús se había apartado.) Entonces el Cristo reaparece y se revela al pensamiento demostrativo, añadiendo luz: "No peques más, para que no te suceda algo peor".

La mente divina es el poder viviente subyacente de toda la naturaleza, el que hace que las flores broten y florezcan y que la hierba crezca. Jesús explicó en pocas palabras el funcionamiento externo de esta ley cuando dijo: "Mi Padre hasta ahora trabaja, y yo trabajo".

Este poder creativo divino obra continuamente todos los días. Metafísicamente, nos damos cuenta de que esta gran fuerza creativa es la mente divina en acción, y que no solamente crea, sino que también recrea. Por eso, cuando Jesús pronunció Su palabra, el paralítico, gracias a este agente de redención, fue sanado instantáneamente. Toda enfermedad es resultado del pecado, al paralítico que fue sanado, Jesús le ordenó que no pecara de nuevo para que no le sucediera algo peor.

Jesús estaba presentando a la conciencia del hombre la nueva verdad que Dios es en realidad el Padre amoroso de todos. Pero los intelectuales (representados por los fariseos) no la pudieron recibir. "No solo quebrantaba el sábado, [desde el punto de vista de los fariseos], sino que también decía que Dios era su propio Padre, haciéndose igual a Dios."

Aquí de nuevo los judíos calificaron como blasfemia aun la espiritualización de su naturaleza hasta conocer, de hecho y en verdad, que Dios era su Padre y que todo lo que el Padre tenía era de ellos.

> [19]Respondió entonces Jesús y les dijo: —De cierto, de cierto os digo: No puede el Hijo hacer nada por sí mismo, sino lo que ve hacer al Padre. Todo lo

que el Padre hace, también lo hace el Hijo igualmente,
20porque el Padre ama al Hijo y le muestra todas las
cosas que él hace; y mayores obras que estas le mos-
trará, de modo que vosotros os admiréis. 21Como el
Padre levanta a los muertos y les da vida, así también
el Hijo a los que quiere da vida, 22porque el Padre a
nadie juzga, sino que todo el juicio dio al Hijo, 23para
que todos honren al Hijo como honran al Padre. El que
no honra al Hijo no honra al Padre, que lo envió. 24»De
cierto, de cierto os digo: El que oye mi palabra y cree al
que me envió tiene vida eterna, y no vendrá a condena-
ción, sino que ha pasado de muerte a vida. 25De cierto,
de cierto os digo: Viene la hora, y ahora es, cuando los
muertos oirán la voz del Hijo de Dios, y los que la oigan
vivirán. 26Como el Padre tiene vida en sí mismo, así
también ha dado al Hijo el tener vida en sí mismo; 27y,
además, le dio autoridad de hacer juicio, por cuanto es
el Hijo del hombre. 28No os asombréis de esto, porque
llegará la hora cuando todos los que están en los sepul-
cros oirán su voz; 29y los que hicieron lo bueno saldrán
a resurrección de vida; pero los que hicieron lo malo, a
resurrección de condenación.

El Padre es la gran fuente de toda luz y comprensión, y el Hijo es la idea que expresa la luz y la sabiduría de Dios. El hijo es la idea de la mente divina del ser humano en su perfección. Bajo la ley divina el ser humano manifiesta lo que Dios tiene en Mente

A la idea divina, el Cristo, se le ha dado vida eterna y tiene el poder de impartirla al hombre adánico. Además de esto, a Él se le ha dado la facultad de juzgar: Él determina cómo se manifestará la vida. El Padre de la vida es un gran río en el Huerto del Edén, el cual representa la capacidad innata en el ser humano lista para obtener la expresión de toda sabiduría y comprensión.

Honramos al Cristo cuando reconocemos que tiene la autoridad de Dios. En su capacidad de dar vida, es igual a Dios y tiene Su poder. Cuando es entronizado en nosotros, quienes poseemos identidad espiritual, nos damos cuenta de que hablamos la palabra que proviene del Padre. Jesús, en este estado de desarrollo, proclamó: "Las palabras que yo os hablo, no las hablo por mi propia cuenta, sino que el Padre, que vive en mí, él hace las obras."

De esta manera Dios se manifiesta mas plenamente en Su "idea divina" o Hijo, el Cristo en el hombre.

Lo que los seres humanos necesitan por sobre todo hoy en día es utilizar su vida con más sabiduría, más discreción. Más vida, utilizada con la ignorancia vieja y destructiva no haría más que aumentar su miseria. De aquí que Dios no dicta cuál debe ser la elección del ser humano con respecto a éste ni a ningún otro acto. Si el ser humano descubre la ley por medio de la cual la vida se manifiesta en su conciencia, puede utilizarla de manera ciega e ignorante si así lo desea. Pero también debe aceptar los resultados de su elección, y aquí es donde el ser humano construye su muro de los lamentos: no le gusta cosechar lo que sembró.

La muerte vino a nuestro mundo debido al uso ignorante de la vida, y ésta puede eliminarse sólo con el uso sabio de la vida. La muerte es resultado de una concepción equivocada de la vida y de su uso. En el comienzo de los experimentos del ser humano con los poderes del Ser, el ser humano no tenía el concepto de la muerte. Su conciencia estaba intacta y el desarrollo de su sabiduría era gradual y ordenado. Pero su deseo de experimentación predominó. La atracción era dulce y atractiva; absorbió tanto su atención que el ser humano olvidó la sabiduría, se "escondió" del Señor, y el resultado fue la separación de su Edén, la armonía divina de la ley de desarrollo espiritual.

Al resucitar a los muertos hay dos factores que se deben tener en cuenta. El pensamiento de la realidad de la muerte y el miedo a la muerte han desempeñado papeles destructivos en la conciencia de la raza, y deben ser disueltos. La falta total de realidad de la muerte debe presentarse a la conciencia alucinada. La omnipresencia y la omnipotencia de la vida están más allá de cualquier discusión, y no puede haber duda de que la muerte es una condición creada en la conciencia humana. Dios no está muerto; No reconoce ni aprueba la muerte. Ni tampoco lo hace el ser humano cuando es liberado de su alucinación. Jesús dijo: "Sígueme; deja que los muertos entierren a sus muertos".

El primer paso para vencer la muerte es eliminar de la mente la creencia de que la muerte es ordenada por Dios o por una fuerza o un efecto en el plano del Ser puro. El paso siguiente es vivir de una manera tan armoniosa que la conciencia entera no solo sea resucitada de su creencia en la muerte sino tan vivificada y llena de energía con la idea de vida inmortal que no pueda ser disuelta o separada de su vehículo, el cuerpo.

Si nuestros pensamientos son buenos, obran para bien en nuestra vida, y si son malos, son objetos de redención.

> 30»No puedo yo hacer nada por mí mismo;
> según oigo, así juzgo, y mi juicio es justo, porque no
> busco mi voluntad, sino la voluntad del Padre, que me
> envió. 31Si yo doy testimonio acerca de mí mismo, mi
> testimonio no es verdadero. 32Otro es el que da testimo-
> nio acerca de mí, y sé que el testimonio que da de mí es
> verdadero. 33Vosotros enviasteis mensajeros a Juan, y él
> dio testimonio de la verdad. 34Pero yo no recibo testimo-
> nio de hombre alguno; sin embargo, digo esto para que
> vosotros seáis salvos. 35Él era antorcha que ardía y alum-
> braba, y vosotros quisisteis regocijaros por un tiempo en
> su luz. 36Pero yo tengo un testimonio mayor que el de
> Juan: las obras que el Padre me dio para que cumpliera,
> las mismas obras que yo hago, dan testimonio de mí,
> de que el Padre me ha enviado. 37También el Padre, que
> me envió, ha dado testimonio de mí. Nunca habéis oído
> su voz, ni habéis visto su aspecto, 38ni tenéis su palabra
> morando en vosotros, porque no creéis a quien él envió.
> 39Escudriñad las Escrituras, porque a vosotros os parece
> que en ellas tenéis la vida eterna, y ellas son las que dan
> testimonio de mí; 40y no queréis venir a mí para que ten-
> gáis vida. 41Gloria de los hombres no recibo. 42Pero yo os
> conozco, que no tenéis el amor de Dios en vosotros. 43Yo

he venido en nombre de mi Padre y no me recibís; si otro viniera en su propio nombre, a ese recibiríais. [44]¿Cómo podéis vosotros creer, pues recibís gloria los unos de los otros y no buscáis la gloria que viene del Dios único? [45]No penséis que yo voy a acusaros delante del Padre. Moisés, en quien tenéis vuestra esperanza, es quien os acusa, [46]porque si creyerais a Moisés, me creeríais a mí, porque de mí escribió él. [47]Pero si no creéis a sus escritos, ¿cómo creeréis a mis palabras?

El Cristo es la idea perfecta de Dios, la cual siempre está en contacto con su fuente. El Cristo, entonces, siempre se da cuenta de que por sí mismo no puede hacer nada y coloca todo su juicio en la ley. Las leyes de Dios son inmutables. El ser humano ni hace ni crea nada de permanencia; él discierne lo que Dios ha creado y se conforma a esto en pensamiento y acto.

El juicio, cuando es expresado en el plano mortal de la conciencia, a menudo es expresión de una disposición crítica y calumniadora. La seguridad del ser humano descansa en reconocer su necesidad y equilibrar su facultad del juicio con amor. Entonces surgirá un nuevo poder que se expresará en rectitud y justicia sin condenación.

El haber sustituido las Escrituras por la Palabra viva de Dios es indudablemente una de las razones por las cuales la promesa de Jesús a Sus seguidores de poder hacer obras poderosas no se ha cumplido. Los judíos del tiempo de Jesús habían hecho esto mismo: habían sustituido el Libro de Moisés por la Palabra viva y habían materializado tanto su mente y su religión que no reconocieron al Mesías cuando vino. Jesús los acusó de esto diciendo: "Escudriñad las Escrituras, porque a vosotros os parece que en ellas tenéis la vida eterna, y ellas son las que dan testimonio de mí; y no queréis venir a mí para que tengáis vida".

Las Escrituras solas no son suficiente para impartir comprensión espiritual: Los fariseos eran estudiantes inveterados de las escrituras hebreas, pero Jesús los acusó repetidamente de falta de comprensión. La Biblia es un libro sellado para quien su espíritu de comprensión no ha sido vivificado por la Palabra de vida [el Verbo]. "Cerca de ti está la palabra, en tu boca y en tu corazón. Esta es la palabra de fe que predicamos." Jesús se identificó tanto con la Palabra viva que Sus palabras fueron como ella, creativas. Él sumergió Su personalidad en la mente divina hasta que Él se convirtió en la expresión de esa Mente, la idea encarnada. "Y el Verbo se hizo carne y habitó entre nosotros." Entonces, en vez de memorizar capítulos enteros de la Biblia, avivemos nuestra mente y nuestro cuerpo con la palabra creativa y así escapar de la muerte. "De cierto, de cierto os digo que el que guarda mi palabra nunca verá muerte."

La mente farisea piensa que la salvación descansa en la Escritura misma, cuando de hecho la Escritura simplemente da testimonio del Salvador. La necesidad no es concentrarse en la letra de la ley sino vivir la Verdad y permitir que los principios divinos encuentren expresión por medio del alma. De aquí que el ser humano aprende a viajar por el camino que lleva a la luz, la paz y la satisfacción.

No hay necesidad de acusar a nuestro hermano. La ley misma logra todo en justicia perfecta. De hecho, Moisés simboliza este proceso progresivo "de sacar", con el cual en el individuo trabaja de adentro hacia fuera; en el universo aparece como la tendencia progresiva de todas las cosas.

La idea de que la Biblia es la Palabra viviente de Dios ha distraído la atención de los cristianos de la única Palabra creativa desde que los traductores originales, eliminaron la persona y vez de traducir "escudriñáis" tradujeron "escrudriñad" (en Juan 5:39), lo cual la hace parecer como si Jesús les hubiera ordenado escudriñar las Escrituras. Los traductores modernos han corregido este intento de hacer de Jesús un partidario de la palabra impresa: "Ustedes estudian las Escrituras con mucho cuidado porque esperan encontrar en ellas la vida eterna". Por el contrario, en dicho versículo Jesús criticó a los judíos por su estudio excesivo de las Escrituras y por ello hizo de su estudio una obligación. Es claro que el estudio excesivo de la letra puede evitar el logro de la unidad con la Palabra de Dios manifestada, Jesucristo.

Juan: Capítulo 6

1Después de esto, Jesús fue al otro lado del Mar
de Galilea, el de Tiberias. 2Y lo seguía una gran multi-
tud, porque veían las señales que hacía en los enfermos.
3Entonces subió Jesús a un monte y se sentó allí con
sus discípulos. 4Y estaba cerca la Pascua, la fiesta de
los judíos. 5Cuando alzó Jesús los ojos y vio que había
venido a él una gran multitud, dijo a Felipe: —¿De
dónde compraremos pan para que coman estos? 6Pero
esto decía para probarlo, porque él sabía lo que iba a
hacer. 7Felipe le respondió: —Doscientos denarios de
pan no bastarían para que cada uno de ellos tomara
un poco. 8Uno de sus discípulos, Andrés, hermano de
Simón Pedro, le dijo: 9—Aquí hay un muchacho que
tiene cinco panes de cebada y dos pescados; pero ¿qué
es esto para tantos? 10Entonces Jesús dijo: —Haced
recostar a la gente. Había mucha hierba en aquel lugar,
y se recostaron como en número de cinco mil hombres.
11Tomó Jesús aquellos panes y, después de dar gracias,
los repartió entre los discípulos, y los discípulos entre
los que estaban recostados; de igual manera hizo con
los pescados, dándoles cuanto querían. 12Y cuando se
saciaron, dijo a sus discípulos: —Recoged los pedazos
que sobraron, para que no se pierda nada. 13Recogieron,
pues, y llenaron doce cestas de pedazos que de los cinco
panes de cebada sobraron a los que habían comido.
14Entonces aquellos hombres, al ver la señal que Jesús
había hecho, dijeron: Verdaderamente este es el Profeta
que había de venir al mundo.

Aumentamos nuestra vitalidad al bendecir y dar gracias al Espíritu. Para manifestar eficientemente este aumento debemos comprender la anatomía del alma y los centros mentales en el cuerpo.

La experiencia nos demuestra que una persona aumenta sus bendiciones al sentir gratitud por lo que tiene. La gratitud, aun en el plano mental, es un gran imán, y cuando la gratitud se expresa desde el punto de vista espiritual es aumentada poderosamente. La costumbre de orar antes de comer tiene su origen el en intento del ser humano de utilizar su poder de aumento.

Una mujer que había quedado con una familia grande y sin medios visibles de apoyo, contó en una reunión lo maravillosamente que esta ley había obrado para proveer comida para sus niños. Ella había pedido la ayuda de alguien que comprendía la ley, y se le había dicho que diera gracias a Dios de manera silenciosa por la provisión abundante en su mesa, sin importar las apariencias. Ella y sus hijos comenzaron a hacer esto, y al poco tiempo el aumento de comida a veces fue tanto que los asombraba. Su factura de comestibles era pagada a tiempo, y de maneras maravillosas, la familia recibía provisión de alimentos. Nunca más sufrieron de escasez.

En todo su trabajo, el YO SOY (Cristo) utiliza la facultad de la mente. El YO SOY es Espíritu, y no puede moverse directamente en la sustancia o formas de la conciencia. Utiliza las facultades espirituales como sus agentes. El nombre Felipe significa "poder", y Jesús apeló a Felipe para saber cómo estos "pensamientos" o personas hambrientas iban a ser alimentadas. Jesús hizo esto para "probar" a Felipe. Esto significa que el poder todavía está bajo las limitaciones de los sentidos. Mira la provisión visible y juzga su capacidad desde ese punto de vista. Andrés (fortaleza), hermano de Pedro (fe), tiene una ligera percepción de la provisión verdadera en el séptimo plano de la conciencia (representado como el joven con los cinco panes y los dos peces). Éste es un buen comienzo para el YO SOY. Si tienes conciencia de la capacidad que está involucrada en la naturaleza humana de siete planos, tienes una buena base sobre la cual edificar la persona de doce planos, o ser humano espiritual.

Una vez avivada tu idea de poder y fortaleza en el Espíritu universal, te "sientas" o centras tus fuerzas en ti y comienzas a bendecir y dar gracias. En el orden divino haces conexión con la energía universal, vital del Ser y llenas tu conciencia de esa vitalidad. La energía sobrante se sitúa en los varios centros como fuerza de reserva (las doce canastas que quedaron). De aquí aprendes a vivir del "el pan vivo que descendió del cielo", la carne misma o sustancia de vida eterna.

Jesús y Sus discípulos estaban en una montaña cuando esta gran multiplicación se llevó a cago, lo cual indica un estado elevado de conciencia. Un científico británico eminente, Sir James Jeans, dice que tal vez los dioses que determinan nuestro destino son nuestras propias mentes, actuando en nuestras células cerebrales y por medio de ellas en el mundo a nuestro alrededor. Aquí él declaró una verdad profunda que, aceptada y puesta a prueba, demostrará que la provisión satisfará toda necesidad. La ciencia dice que vivimos en un éter invisible impregnado de la esencia de todas las cosas visibles, que esta esencia envuelve el átomo y que espera su liberación de una ley no descubierta todavía. Jesús conocía esa ley y gracias a Él podemos conocerla. En la Segunda Guerra Mundial la ciencia utilizó este poder en la destructiva bomba atómica. Jesús la utilizó de manera constructiva, alimentando a la multitud.

> 15Pero entendiendo Jesús que iban a venir para apoderarse de él y hacerlo rey, volvió a retirarse al monte él solo.

El Espíritu siempre tiene el poder y la habilidad de manejar cualquier situación. Jesús sabía que Su hora no había llegado. Que todavía no había desarrollado el poder espiritual necesario para satisfacer las muchas exigencias que se le hacían. La salida era retirarse del trabajo público por alguna razón. Quienes están en evolución espiritual saben si están o no preparados para satisfacer ciertas exigencias que se les hacen, y se retiran a su interior para mayor comprensión y poder espirituales.

[16]Al anochecer descendieron sus discípulos al
mar, [17]y entrando en una barca iban cruzando el mar
hacia Capernaúm. Ya había oscurecido, y Jesús todavía
no había venido a ellos. [18]El mar estaba agitado, por-
que soplaba un fuerte viento. [19]Cuando habían remado
como veinticinco o treinta estadios, vieron a Jesús que
andaba sobre el mar y se acercaba a la barca, y tuvieron
miedo. [20]Pero él les dijo: —Yo soy; no temáis. [21]Enton-
ces ellos lo recibieron con gusto en la barca, la cual
llegó en seguida a la tierra a donde iban.

Caminar sobre las aguas, como lo hizo Jesús, sin hundirse, requirió una fe establecida en el poder del Espíritu.

No podemos caminar sobre las aguas de la vida con solo nuestra fortaleza personal. Si recordamos apelar a la fortaleza de Cristo, somos sostenidos por el poder ilimitado del ser verdadero.

[22]Al día siguiente, la gente que estaba al otro
lado del mar se dio cuenta de que no había habido allí
más que una sola barca, y que Jesús no había entrado
en ella con sus discípulos, sino que estos se habían ido
solos. [23]Pero otras barcas habían llegado de Tiberias
junto al lugar donde habían comido el pan después de
haber dado gracias el Señor. [24]Cuando vio, pues, la gente
que Jesús no estaba allí, ni sus discípulos, entraron en
las barcas y fueron a Capernaúm, buscando a Jesús. [25]Y
hallándolo al otro lado del mar, le preguntaron: —Rabí,
¿cuándo llegaste acá? [26]Respondió Jesús y les dijo: —De
cierto, de cierto os digo que me buscáis, no porque
habéis visto las señales, sino porque comisteis el pan y
os saciasteis. [27]Trabajad, no por la comida que perece,
sino por la comida que permanece para vida eterna, la
cual os dará el Hijo del hombre, porque a este señaló
Dios, el Padre. [28]Entonces le preguntaron: —¿Qué
debemos hacer para poner en práctica las obras de
Dios? [29]Respondió Jesús y les dijo: —Esta es la obra de
Dios, que creáis en aquel que él ha enviado. [30]Entonces

le dijeron: —¿Qué señal, pues, haces tú, para que veamos y te creamos? ¿Qué obra haces? [31]Nuestros padres comieron el maná en el desierto, como está escrito: "Les dio a comer pan del cielo". [32]Y Jesús les dijo: —De cierto, de cierto os digo: Moisés no os dio el pan del cielo, pero mi Padre os da el verdadero pan del cielo, [33]porque el pan de Dios es aquel que descendió del cielo y da vida al mundo. [34]Le dijeron: —Señor, danos siempre este pan. [35]Jesús les respondió: —Yo soy el pan de vida. El que a mí viene nunca tendrá hambre, y el que en mí cree no tendrá sed jamás. [36]Pero ya os he dicho que, aunque me habéis visto, no creéis. [37]Todo lo que el Padre me da, vendrá a mí, y al que a mí viene, no lo echo fuera. [38]He descendido del cielo, no para hacer mi voluntad, sino la voluntad del que me envió. [39]Y la voluntad del Padre, que me envió, es que no pierda yo nada de todo lo que él me da, sino que lo resucite en el día final. [40]Y esta es la voluntad del que me ha enviado: que todo aquel que ve al Hijo y cree en él tenga vida eterna; y yo lo resucitaré en el día final. [41]Murmuraban entonces de él los judíos, porque había dicho: «Yo soy el pan que descendió del cielo», [42]y decían: —Este, ¿no es Jesús el hijo de José, cuyo padre y madre nosotros conocemos? ¿Cómo dice ahora: "Del cielo he descendido"? [43]Jesús respondió y les dijo: —No murmuréis entre vosotros. [44]Nadie puede venir a mí, si el Padre, que me envió, no lo atrae; y yo lo resucitaré en el día final. [45]Escrito está en los Profetas: "Y todos serán enseñados por Dios". Así que, todo aquel que oye al Padre y aprende de él, viene a mí. [46]No que alguien haya visto al Padre; solo aquel que viene de Dios, ese ha visto al Padre. [47]De cierto, de cierto os digo: El que cree en mí tiene vida eterna. [48]Yo soy el pan de vida. [49]Vuestros padres comieron el maná en el desierto, y aun así murieron. [50]Este es el pan que desciende del cielo para que no muera quien coma de él. [51]Yo soy el pan vivo que descendió del cielo; si alguien come de este pan, vivirá para siempre; y el pan que yo daré es mi carne, la cual yo daré por la vida del mundo. [52]Entonces los judíos discutían entre sí, diciendo: —¿Cómo puede este

> darnos a comer su carne? 53Jesús les dijo: —De cierto, de
> cierto os digo: Si no coméis la carne del Hijo del hom-
> bre y bebéis su sangre, no tenéis vida en vosotros. 54El
> que come mi carne y bebe mi sangre tiene vida eterna,
> y yo lo resucitaré en el día final, 55porque mi carne es
> verdadera comida y mi sangre es verdadera bebida. 56El
> que come mi carne y bebe mi sangre permanece en mí
> y yo en él., 57Así como me envió el Padre viviente y yo
> vivo por el Padre, también el que me come vivirá por
> mí. 58Este es el pan que descendió del cielo; no como
> vuestros padres, que comieron el maná y murieron; el
> que come este pan vivirá eternamente. 59Estas cosas dijo
> en Capernaúm, enseñando en una sinagoga.

Aquí la multitud (una multitud de pensamientos) lo que busca realmente es consuelo (entraron en las barcas y fueron a Capernaúm, buscando a Jesús). Ellos tenían la convicción interna de la compasión moradora y del poder restaurador de Dios.

En el principio de la Mente universal, al cual Jesús llamó “el Padre”, hay una sustancia que también incluye a la madre o semilla de toda la sustancia visible. Es la única sustancia verdadera porque es inmutable, mientras que la sustancia visible está en constante transición.

El origen o fuente de toda sustancia es la idea de sustancia. Es puramente espiritual y puede ser captada sólo por la mente. Nunca es visible al ojo, ni puede ser percibida por el ser humano por medio de ninguna de las facultades corporales. Los expertos en la Biblia dicen que el Dios Todopoderoso del Génesis debería haber sido traducido El Shaddai, “que tenía pechos”. De aquí que se encuentra que Dios incluye tanto el principio masculino como el femenino.

Cuando la mente ha centrado su atención en esta idea de sustancia por suficiente tiempo y con la fortaleza suficiente, genera la conciencia de sustancia, y por medio de los poderes de las diferentes facultades de la mente en la relación correcta puede formar sustancia visible. Jesús, de esta manera, trajo a la visibilidad los panes y los peces para alimentar a los cinco mil.

Pero esta facultad de tratar con las ideas está abierta a todas las personas. No es dada a personas privilegiadas y negada a otras.

Jesús sabía esto, y también sabía que cada persona debe centrar su atención en esta sustancia espiritual y manifestar sus frutos, de la manera como Él lo hizo. Pero quienes han centrado su atención por mucho tiempo en las cosas visibles aprecian este hecho lentamente.

Jesús alimentó a la multitud de una manera fácil, y ellos Lo siguieron en el mar en botes, aparentemente para obtener más comida; por lo menos ése es el motivo que Jesús le atribuyó.

Entonces Él les dice claramente que no deben esforzarse por la comida que perece, sino por la que "permanece para vida eterna".

Cuando le preguntaron "¿Qué debemos hacer para poner en práctica las obras de Dios?" o los llamados milagros, Él dijo: "Que creáis en aquel que él ha enviado". El ser humano debe creer en la presencia espiritual del Dios viviente como un "enviado"; que entró en la conciencia.

Quienes creen o tienen fe en la fuente espiritual de la vida todo lo lograrán. Quienquiera que llegue al reino de los cielos, logrará su voluntad, la cual es la voluntad del Padre. En su plano no habrá pérdida ni fracaso, y quienquiera que entre a la Mente del Espíritu habrá vertido sobre sí su esencia de vida y será elevado completamente de las condiciones materiales cuando llegue "el día final" (el grado más elevado de comprensión).

Moisés hizo que el maná cayera del cielo para alimentar a los hijos de Israel. El cuerpo de Cristo es una sustancia espiritual que incorporamos en la conciencia de los cielos de la mente por medio de la fe. Quienes ayunan en la fe espiritual por más tiempo han comprobado más fácilmente que la comida que comemos tiene una fuente espiritual que quienes ayunan sin fe espiritual.

60 Al oir esto, muchos de sus discípulos dijeron:
—Dura es esta palabra; ¿quién la puede oir? 61 Sabiendo
Jesús en sí mismo que sus discípulos murmuraban de
esto, les dijo: —¿Esto os escandaliza? 62 ¿Pues qué, si
vierais al Hijo del hombre subir a donde estaba pri-
mero? 63 El espíritu es el que da vida; la carne para nada
aprovecha. Las palabras que yo os he hablado son espí-
ritu y son vida. 64 Pero hay algunos de vosotros que no
creen—porque Jesús sabía desde el principio quiénes
eran los que no creían y quién lo había de entregar—.
65 Y dijo: —Por eso os he dicho que ninguno puede
venir a mí, si no le es dado del Padre. 66 Desde entonces
muchos de sus discípulos volvieron atrás y ya no anda-
ban con él. 67 Dijo entonces Jesús a los doce: —¿Queréis
acaso iros también vosotros? 68 Le respondió Simón
Pedro: —Señor, ¿a quién iremos? Tú tienes palabras
de vida eterna. 69 Y nosotros hemos creído y conocido
que tú eres el Cristo, el Hijo del Dios viviente. 70 Jesús
les respondió: —¿No os he escogido yo a vosotros los
doce, y uno de vosotros es diablo? 71 Hablaba de Judas
Iscariote hijo de Simón, porque él era el que lo iba a
entregar, y era uno de los doce.

Jesús dijo: "El espíritu es el que da vida; la carne para nada aprovecha. Las palabras que yo os he hablado son espíritu y son vida". El Ser, la fuente original, es un principio impersonal; pero en su obra de creación pone de manifiesto una idea que contiene todas las ideas: el Logo, el Verbo, Cristo, el Hijo de Dios, o el ser humano espiritual. Este ser humano espiritual o Cristo, o Verbo, o Dios, es el ser interno y verdadero de todo individuo. Por ello, el ser humano contiene en sí las capacidades del Ser y, por medio de sus palabras, utiliza el principio creativo para formar su medio ambiente, bueno o malo. Así que nosotros hacemos nuestro cielo o nuestro infierno.

Las ideas que hacen las palabras constructivas son las de vida, amor, sabiduría, sustancia, poder, fortaleza y todas las otras ideas que expresan atributos divinos. Las palabras que llevan la idea de vida revitalizan y dan vida. Las palabras que expresan amor divino armonizan y unifican.

Las palabras son activadas en el cuerpo al estar receptivas a la mente y son llevadas al cuerpo por medio del pensamiento a través del subconsciente. Las palabras constructivas que renuevan el cuerpo son apropiadas por la conciencia del cuerpo por medio de la oración y la meditación. Éstas son las palabras que son Espíritu y dan vida.

Muchas personas comienzan a caminar en la luz del Espíritu, para desarrollar la Verdad, mas se enredan en sus dudas e incredulidad y por eso regresan a su antigua manera de vida limitada.

Después de estos acontecimientos Jesús fue a Galilea (el "remolino de la vida"), porque Él no andaba en Judea (alabanza) porque los judíos buscaban matarlo. Los judíos (los fariseos, en este caso) creían en la letra de la ley más que en el espíritu.

Juan: Capítulo 7

[1]Después de esto andaba Jesús en Galilea, pues
no quería andar en Judea, porque los judíos intentaban
matarlo. [2]Estaba cerca la fiesta de los judíos, la de los
Tabernáculos, [3]y le dijeron sus hermanos: —Sal de
aquí, y vete a Judea, para que también tus discípulos
vean las obras que haces, [4]porque ninguno que procura
darse a conocer hace algo en secreto. Si estas cosas
haces, manifiéstate al mundo. [5]Ni aun sus hermanos
creían en él. [6]Entonces Jesús les dijo: —Mi tiempo aún
no ha llegado, pero vuestro tiempo siempre está prepa-
rado. [7]No puede el mundo odiaros a vosotros; pero a
mí me odia, porque yo testifico de él, que sus obras son
malas. [8]Subid vosotros a la fiesta; yo no subo todavía
a esa fiesta, porque mi tiempo aún no se ha cumplido.
[9]Y habiéndoles dicho esto se quedó en Galilea. [10]Pero
después que sus hermanos subieron, entonces él tam-
bién subió a la fiesta, no abiertamente, sino como en
secreto. [11]Y lo buscaban los judíos en la fiesta, y decían:
—¿Dónde estará aquel? [12]Y había mucha murmuración
acerca de él entre la multitud, pues unos decían: «Es
bueno»; pero otros decían: «No, sino que engaña al
pueblo». [13]Sin embargo, ninguno hablaba abiertamente
de él por miedo a los judíos.

Jesús estaba desarrollando Su naturaleza espiritual, la cual está bajo la ley espiritual. Los fariseos seguían la letra de la ley, la cual resiste y busca la destrucción del Cristo. El Cristo generalmente obra en secreto. Hace su obra espiritual calladamente en vez de hacer alarde de ella. Algunas de las personas en la multitud pensaban que Jesús era un buen hombre; otros pensaban que había hecho que la gente se apartara del buen camino. Esto representa los subterfugios de la mente menor.

14Pero a la mitad de la fiesta subió Jesús al Templo, y enseñaba. 15Y se admiraban los judíos, diciendo: —¿Cómo sabe este letras sin haber estudiado? 16Jesús les respondió y dijo: —Mi doctrina no es mía, sino de aquel que me envió. 17El que quiera hacer la voluntad de Dios, conocerá si la doctrina es de Dios o si yo hablo por mi propia cuenta. 18El que habla por su propia cuenta, su propia gloria busca; pero el que busca la gloria del que lo envió, este es verdadero y no hay en él injusticia. 19¿No os dio Moisés la Ley? Sin embargo, ninguno de vosotros la cumple. ¿Por qué intentáis matarme? 20Respondió la multitud y dijo: —Demonio tienes, ¿quién intenta matarte? 21Jesús respondió y les dijo: —Una obra hice y todos os admiráis. 22Por cierto, Moisés os dio la circuncisión —no porque sea de Moisés, sino de los padres— y en sábado circuncidáis al hombre. 23Si recibe el hombre la circuncisión en sábado, para que la Ley de Moisés no sea quebrantada, ¿os enojáis conmigo porque en sábado sané completamente a un hombre? 24No juzguéis según las apariencias, sino juzgad con justo juicio.

25Decían entonces unos de Jerusalén: —¿No es a este a quien buscan para matarlo? 26Pues mirad, habla públicamente y no le dicen nada. ¿Habrán reconocido en verdad las autoridades que este es el Cristo? 27Pero este, sabemos de dónde es; sin embargo, cuando venga el Cristo, nadie sabrá de dónde es. 28Jesús entonces, enseñando en el Templo, alzó la voz y dijo: —A mí me conocéis y sabéis de dónde soy; no he venido de mí mismo, pero el que me envió, a quien vosotros no conocéis, es verdadero. 29Pero yo lo conozco, porque de él procedo, y él me envió. 30Entonces intentaban prenderlo; pero ninguno le echó mano, porque aún no había llegado su hora. 31Y muchos de la multitud creyeron en él y decían: —El Cristo, cuando venga, ¿hará más señales que las que este hace? 32Los fariseos oyeron a la gente que murmuraba de él estas cosas. Entonces los principales sacerdotes y los fariseos enviaron guardias para que lo prendieran. 33Y Jesús dijo: —Todavía estaré con vosotros algún tiempo, y luego iré al que me

> envió. [34]Me buscaréis, pero no me hallaréis, y a donde
> yo estaré, vosotros no podréis ir. [35]Entonces los judíos
> dijeron entre sí: —¿Adónde se irá este, que no lo hallaremos? ¿Se irá a los dispersos entre los griegos y enseñará a los griegos? [36]¿Qué significa esto que dijo: "Me buscaréis, pero no me hallaréis, y a donde yo estaré, vosotros no podréis ir"?

Los discípulos de Jesús querían que fuera a Jerusalén por una razón: para probar que Él era el Cristo, pero Él se dio cuenta de que todavía no había logrado el poder necesario. Después de que los discípulos se habían ido, Jesús obtuvo más conciencia espiritual y fue inspirado a acudir a la protección del Espíritu y, en este estado de conciencia, los judíos no podían prenderle o hacerle ningún daño. Jesús, como todas las personas en crecimiento espiritual, sintió el poder de ser mucho más fuerte con ese poder de lo que podía manifestar sin él. Él quería probarle a Sus amigos que Él era el Cristo, pero dudaba de Su habilidad.

Jesús no estaba hablando por sí mismo para Su gloria, sino que buscaba la gloria de El que Lo envió.

La mente crística omnisciente puede manejar fácilmente a la mente farisaica que sigue la letra de la ley. La mente intelectual no puede comprender el clamor de lo espiritual de que puede ir donde no puede ser hallada. La mente que funciona en la materia no puede comprender un estado en el cual la materia puede pasar atravesar la materia.

> [37]En el último y gran día de la fiesta, Jesús se
> puso en pie y alzó la voz, diciendo:—Si alguien tiene
> sed, venga a mí y beba. [38]El que cree en mí, como dice
> la Escritura, de su interior brotarán ríos de agua viva.
> [39]Esto dijo del Espíritu que habían de recibir los que
> creyeran en él, pues aún no había venido el Espíritu
> Santo, porque Jesús no había sido aún glorificado.

Jesús se dio cuenta de que la verdadera sed del ser humano es sed del Espíritu y que esta sed sólo puede ser saciada por medio del vertimiento del Espíritu Santo en el alma, lo cual nos emociona con nueva vida, energía y vitalidad.

Si tenemos fe comprensiva sabemos que la vida no cesa y que sólo tenemos que abrir la conciencia al Espíritu de la vida cada vez más para darnos cuenta de que los ríos de agua viva fluyen desde nuestro interior.

El Espíritu Santo existía antes del tiempo de Jesús, mas Él dio nuevo brío a este ayudante interno y prometió que el Sagrado Consolador estaría con nosotros por siempre.

> [40]Entonces algunos de la multitud, oyendo estas palabras, decían: «Verdaderamente este es el Profeta». [41]Otros decían: «Este es el Cristo». Pero algunos decían: «¿De Galilea ha de venir el Cristo? [42]¿No dice la Escritura que de la descendencia de David, y de la aldea de Belén, de donde era David, ha de venir el Cristo?». [43]Hubo entonces división entre la gente a causa de él. [44]Y algunos de ellos querían prenderlo, pero ninguno le echó mano.

Cuando uno está en un estado de conciencia mezclado siempre hay disensión y cuestionamiento. Sin embargo, cuando uno nace de nuevo a la conciencia crística todas las cosas se aclaran.

> "Porque todos me conocerán,
> desde el menor hasta el mayor de ellos."

> [45]Los guardias vinieron a los principales sacerdotes y a los fariseos. Entonces estos les preguntaron: —¿Por qué no lo habéis traído? [46]Los guardias respondieron: —¡Jamás hombre alguno ha hablado como este hombre! [47]Entonces los fariseos les preguntaron:

—¿También vosotros habéis sido engañados? [48]¿Acaso ha creído en él alguno de los gobernantes o de los fariseos? [49]Pero esta gente que no sabe la Ley, maldita es. [50]Les dijo Nicodemo, el que vino a él de noche, el cual era uno de ellos: [51]—¿Juzga acaso nuestra Ley a un hombre si primero no lo oye y sabe lo que ha hecho? [52]Respondieron y le dijeron: —¿Eres tú también galileo? Escudriña y ve que de Galilea nunca se ha levantado un profeta.

Los principales sacerdotes de la conciencia farisaica son los pensamientos más elevados en autoridad en la jerarquía de los fariseos. Los "guardias" son pensamientos que ejecutan la ley. Sin embargo, cuando ésta alcanza cierto estado de desarrollo, hasta la mente farisaica, la cual cree estrictamente en la letra de la ley, está abierta a la convicción si puede entretener de manera segura una verdad espiritualmente más elevada. Esto lo provee la conversión espiritual de Nicodemo. El estado farisaico de la mente del ser humano en su adherencia fiel a las formas religiosas, a la larga, toma conciencia de la presencia del poder divino. Esta verdad fue evidente cuando los guardias respondieron: "¡Jamás hombre alguno ha hablado como este hombre!", revelando que la luz más alta del Cristo había entrado en su conciencia.

Juan: Capítulo 8

[53][Y cada uno se fue a su casa.] [1]pero Jesús se
fue al monte de los Olivos. [2]Por la mañana volvió al
Templo, y todo el pueblo vino a él; y sentándose, les
enseñaba. [3]Entonces los escribas y los fariseos le traje-
ron una mujer sorprendida en adulterio y, poniéndola
en medio, [4]le dijeron: —Maestro, esta mujer ha sido
sorprendida en el acto mismo de adulterio, [5]y en la Ley
nos mandó Moisés apedrear a tales mujeres. Tú, pues,
¿qué dices? [6]Esto decían probándolo, para tener de qué
acusarlo. Pero Jesús, inclinado hacia el suelo, escribía
en tierra con el dedo. [7]Y como insistieran en pregun-
tarle, se enderezó y les dijo: —El que de vosotros esté
sin pecado sea el primero en arrojar la piedra contra
ella. [8]E inclinándose de nuevo hacia el suelo, siguió
escribiendo en tierra. [9]Pero ellos, al oir esto, acusados
por su conciencia, fueron saliendo uno a uno, comen-
zando desde los más viejos hasta los más jóvenes; solo
quedaron Jesús y la mujer que estaba en medio. [10]Ende-
rezándose Jesús y no viendo a nadie sino a la mujer,
le dijo: —Mujer, ¿dónde están los que te acusaban?
¿Ninguno te condenó? 11Ella dijo: —Ninguno, Señor.
Entonces Jesús le dijo: —Ni yo te condeno; vete y no
peques más.

La ida de Jesús al Monte de los Olivos significa el ascenso del alma al estado de conciencia donde la Verdad absoluta es manifiesta y desde esta atalaya enseña una lección de amor fraternal a las facultades intelectuales. A veces las facultades intelectuales se imaginan que son la autoridad suprema, como en este caso, cuando la mujer acusada de adulterio es presentada como ejemplo. “En la Ley nos mandó Moisés apedrear a tales mujeres. Tú, pues, ¿qué dices?” Jesús, simbolizando aquí al Cristo morador, escribió en la tierra y dijo: “El que de vosotros esté sin pecado sea el primero en arrojar la piedra contra ella”. Las facultades intelectuales, atrapadas en su orgullo, se dispersan.

El Cristo pregunta a este estado adúltero de conciencia: "Mujer, ¿dónde están los que te acusaban? ¿Ninguno te condenó?" La respuesta es "Ninguno, Señor". La frase final es "Ni yo te condeno; vete y no peques más". De aquí que el poder vencedor de la mente crística está haciendo su obra perfecta.

> [12]Otra vez Jesús les habló, diciendo: —Yo soy la
> luz del mundo; el que me sigue no andará en tinieblas,
> sino que tendrá la luz de la vida. [13]Entonces los fariseos
> le dijeron: —Tú das testimonio acerca de ti mismo; tu
> testimonio no es válido. [14]Respondió Jesús y les dijo:
> —Aunque yo doy testimonio acerca de mí mismo, mi
> testimonio es válido, porque sé de dónde he venido y
> a dónde voy; pero vosotros no sabéis de dónde vengo
> ni a dónde voy. [15]Vosotros juzgáis según la carne; yo no
> juzgo a nadie. [16]Y si yo juzgo, mi juicio es según la ver-
> dad, porque no soy yo solo, sino yo y el Padre que me
> envió. [17]Y en vuestra Ley está escrito que el testimonio
> de dos hombres es válido. [18]Yo soy el que doy testimo-
> nio de mí mismo. También el Padre que me envió da
> testimonio de mí. [19]Ellos le dijeron: —¿Dónde está tu
> padre? Respondió Jesús: —Ni a mí me conocéis, ni a
> mi Padre; si a mí me conocierais, también a mi Padre
> conoceríais. [20]Estas palabras habló Jesús en el lugar de
> las ofrendas, enseñando en el Templo; y nadie lo pren-
> dió, porque aún no había llegado su hora.

El Cristo morador siempre declara, "Yo soy la luz del mundo; el que me sigue no andará en tinieblas, sino que tendrá la luz de la vida". La primera lección que debemos aprender en el desarrollo espiritual es que todos tenemos en nosotros la luz de la comprensión divina. Aquellos que no reconocen que tienen esta luz interna piensan intelectualmente en vez de espiritualmente. La luz crística proviene de Dios y en toda circunstancia está consciente de su fuente. Coloca todos los juicios en el Padre, consciente de que su luz proviene solamente de esa fuente. El ser humano intelectual no tiene concepto de esta verdad sino que depende más del juicio humano.

Jesús (simbolizando el Cristo) estaba obrando en la conciencia de la sustancia y bajo la luz del Espíritu y era un maestro en esta situación. Por ello, ningún hombre puso sus manos sobre Él, porque Su hora todavía no había llegado. Él puso toda Su protección en manos de Dios, Quien siempre estuvo presente como Su testigo y defensa.

> [21]Otra vez les dijo Jesús: —Yo me voy, y me
> buscaréis, pero en vuestro pecado moriréis; a donde yo
> voy, vosotros no podéis ir. [22]Decían entonces los judíos:
> —¿Acaso pensará matarse, que dice: "A donde yo voy,
> vosotros no podéis ir"? [23]Y les dijo: —Vosotros sois de
> abajo, yo soy de arriba; vosotros sois de este mundo, yo
> no soy de este mundo. [24]Por eso os dije que moriréis en
> vuestros pecados, si no creéis que yo soy, en vuestros
> pecados moriréis. [25]Entonces le dijeron: —Tú, ¿quién
> eres? Entonces Jesús les dijo: —Lo que desde el prin-
> cipio os he dicho. [26]Muchas cosas tengo que decir y
> juzgar de vosotros; pero el que me envió es verdadero, y
> yo, lo que he oído de él, esto hablo al mundo. [27]Pero no
> entendieron que les hablaba del Padre. [28]Les dijo, pues,
> Jesús: —Cuando hayáis levantado al Hijo del hombre,
> entonces conoceréis que yo soy y que nada hago por
> mí mismo, sino que, según me enseñó el Padre, así
> hablo, [29]porque el que me envió, conmigo está; no me
> ha dejado solo el Padre, porque yo hago siempre lo que
> le agrada. [30]Al hablar él estas cosas, muchos creyeron
> en él.

Jesús, simbolizando el YO SOY, el Cristo, de nuevo proclama la Verdad desde un punto de referencia absoluto. Al Él persistir, la luz del Cristo a la larga se filtra en al conciencia. Por medio de la adherencia farisaica a las formas externas el ser humano se resiste a su evolución verdadera. La personalidad egoísta asume que su mundo de fenómenos es real y que toda conversación acerca de desaparecer en espíritu es ilusión. La mojigatería se desarrolla de la creencia de que el intelecto puede ser santificado espiritualmente. La mente espiritual (el YO SOY) es el Salvador y obra para ser evidente. Obra para redimir al ser humano santurrón, farisaico, intelectual. Cuando este ser humano ha sido elevado, "Entonces conoceréis que yo soy y que nada hago por mí mismo, sino que, según me enseñó el Padre, así hablo".

> [31]Dijo entonces Jesús a los judíos que habían creído en él: —Si vosotros permanecéis en mi palabra, seréis verdaderamente mis discípulos; [32]y conoceréis la verdad y la verdad os hará libres. [33]Le respondieron: —Descendientes de Abraham somos y jamás hemos sido esclavos de nadie. ¿Cómo dices tú: "Seréis libres"? [34]Jesús les respondió: —De cierto, de cierto os digo que todo aquel que practica el pecado, esclavo es del pecado. [35]Y el esclavo no queda en la casa para siempre; el hijo sí queda para siempre. [36]Así que, si el Hijo os liberta, seréis verdaderamente libres.

La comprensión de la Verdad viene sólo a quienes moran fielmente en las enseñanzas de Jesús. Sólo ellos son libres para persistir y aferrarse a la visión verdadera de la vida, a pesar de teorías preaceptadas. Quienes obedecen solamente la voz del ser más elevado (en lugar de seguir la voz de sus deseos), se mantienen en una actuación invariablemente correcta, tanto mental como externa.

El tema de la libertad es inagotable. La búsqueda de la libertad es infinita y sólo es satisfecha en la conciencia crística. Los judíos no comprendían las enseñanzas de Jesús acerca de este tema. Como el pueblo elegido, en ese entonces eran esclavos del orgullo racial, y su intemperancia en este respecto era difícil de erradicar.

La "casa" es el cuerpo del ser humano. Nadie, quien permita que deseos intemperados rijan su vida y se expresen por medio de su pensamiento y conducta, puede esperar permanecer por mucho tiempo en el cuerpo o experimentar en él alguna medida de satisfacción verdadera. Solamente el "Hijo", la concentración amorosa, útil y sin egoísmo de todos los poderes bajo una mayor comprensión de las fuerzas que controlan a la humanidad, puede proporcionar libertad plena y completa. Una vez que este poder de concentración es obtenido y puesto en práctica, se logra la libertad completa. Mas la concentración no surge de repente, perfecta y plenamente por la resolución al azar; requiere entregarse fielmente a la práctica de la presencia de Dios. "Morar" tiene una connotación de continuar en el estado crístico de mente y corazón.

Jesús, en efecto, dijo: "Si vosotros permanecéis en mi palabra, seréis verdaderamente mis discípulos; y conoceréis la verdad y la verdad os hará libres."

> 37Sé que sois descendientes de Abraham; sin
> embargo intentáis matarme, porque mi palabra no halla
> cabida en vosotros. 38Yo hablo lo que he visto estando
> junto al Padre, y vosotros hacéis lo que habéis oído
> junto a vuestro padre. 39Respondieron y le dijeron:
> —Nuestro padre es Abraham. Jesús les dijo: —Si fuerais
> hijos de Abraham, las obras de Abraham haríais. 40Pero
> ahora intentáis matarme a mí, que os he hablado la
> verdad, la cual he oído de Dios. No hizo esto Abraham.
> 41Vosotros hacéis las obras de vuestro padre. Entonces
> le dijeron: —¡Nosotros no hemos nacido de fornica-
> ción! ¡Un padre tenemos: Dios!

Quienes piensan de sí mismos como descendientes de los antepasados humanos son esclavos de las limitaciones de esos antepasados, sin importar que digan lo contrario. Es quedarse corto con respecto a sí mismo. Éste es un pecado que mantiene a la mayoría de la humanidad esclavos de la conciencia de los sentidos. Los judíos estaban orgullosos de sus antepasados, Abraham, Isaac y Jacob, quienes hicieron cosas que en nuestros días los haría candidatos a la penitenciaría. La poligamia puede mencionarse como un ejemplo.

La adoración a los antepasados es observada en nuestros días por quienes buscan ansiosamente estar en los récords de la realeza, tener un escudo de armas de la familia o trazar sus antepasados a Guillermo el Conquistador. La única manera de liberarse de esta carga de heredad de la raza es proclamar tu filiación divina. Si crees que Dios es tu Padre, reconócelo y Él te reconocerá.

Una definición corta del pecado es ignorancia. Si conocieras tu origen espiritual y toda la pureza y el poder que éste incluye, no estarías sujeto a las tendencias de la raza de desviar la mente de la carne. Ésta es la libertad del Hijo de Dios; las cadenas de los pensamientos falsos son eliminadas y surge la luz del cielo en vez de la oscuridad de la conciencia de los sentidos.

Parece increíble que los seres humanos tengan pensamientos de matar y destruir en su mente superconsciente, pero tal es la ignorancia identificada con el linaje humano. La mortalidad ha fracasado generación tras generación, sin embargo los seres humanos se aferran a ella como el bono más grande de la existencia, y antagonizan al Espíritu.

> 42Jesús entonces les dijo: —Si vuestro padre fuera
> Dios, entonces me amaríais, porque yo de Dios he salido
> y he venido, pues no he venido de mí mismo, sino que él
> me envió. 43¿Por qué no entendéis mi lenguaje? Porque
> no podéis escuchar mi palabra. 44Vosotros sois de vues-
> tro padre el diablo, y los deseos de vuestro padre queréis
> hacer. Él ha sido homicida desde el principio y no ha
> permanecido en la verdad, porque no hay verdad en él.
> Cuando habla mentira, de suyo habla, pues es menti-
> roso y padre de mentira. 45Pero a mí, que digo la verdad,
> no me creéis. 46¿Quién de vosotros puede acusarme de
> pecado? Y si digo la verdad, ¿por qué vosotros no me
> creéis? 47El que es de Dios, las palabras de Dios oye; por
> esto no las oís vosotros, porque no sois de Dios.
>
> 48Respondieron entonces los judíos, y le dije-
> ron: —¿No decimos bien nosotros, que tú eres samari-

tano y que tienes demonio? [49]Respondió Jesús: —Yo no
tengo demonio, antes honro a mi Padre; y vosotros me
deshonráis. [50]Pero yo no busco mi gloria; hay quien la
busca y juzga.

Es difícil para el intelecto darse cuenta del "Yo soy el que soy" espiritual. Siempre replica, tratando de probar que el intelecto en sí mismo es la máxima autoridad.

Jesús condenó los pecados del intelecto, de los cuales la arrogancia es el mayor, peor que los pecados mortales. Compara esta acusación mordaz de los judíos arrogantes con el perdón rápido para la mujer adúltera. El dignatario eclesiástico pomposo es mucho más difícil de conmover con la Verdad que el pecador moral arrepentido.

Cualquier pensamiento que no tenga su origen en la única fuente divina es mentiroso y el padre de todas las mentiras.

[51]De cierto, de cierto os digo que el que guarda mi
palabra nunca verá muerte. [52]Entonces los judíos le dije-
ron: —Ahora nos convencemos de que tienes demonio.
Abraham murió, y los profetas; y tú dices: "El que guarda
mi palabra nunca sufrirá muerte". [53]¿Eres tú acaso mayor
que nuestro padre Abraham, el cual murió? ¡También los
profetas murieron! ¿Quién crees que eres? [54]Respondió
Jesús: —Si yo me glorifico a mí mismo, mi gloria nada
es; mi Padre es el que me glorifica, el que vosotros decís
que es vuestro Dios. [55]Vosotros no lo conocéis. Yo sí lo
conozco y, si digo que no lo conozco, sería mentiroso
como vosotros; pero lo conozco y guardo su palabra.
[56]Abraham, vuestro padre, se gozó de que había de ver mi
día; y lo vio y se gozó. [57]Entonces le dijeron los judíos:
Aún no tienes cincuenta años, ¿y has visto a Abraham?
[58]Jesús les dijo: —De cierto, de cierto os digo: Antes que
Abraham fuera, yo soy. [59]Tomaron entonces piedras para
arrojárselas, pero Jesús se escondió y salió del Templo y,
atravesando por en medio de ellos, se fue.

> "De cierto, de cierto os digo que el que guarda mi palabra nunca verá muerte. Entonces los judíos le dijeron: Ahora nos convencemos de que tienes demonio. Abraham murió, y los profetas; y tú dices: "El que guarda mi palabra nunca sufrirá muerte".

Si el futuro vencedor meditara diligentemente en estas palabras, la luz de la Verdad surgiría gradualmente. Entonces él sabría que el Cristo, el YO SOY EL QUE SOY, fue antes de Abraham y también que el "padre de la iglesia" Abraham fue avivado espiritualmente al punto que buscaba constantemente la luz. "Abraham, vuestro padre, se gozó de que había de ver mi día; y lo vio y se gozó".

Fue el Cristo en Jesús quien exclamó: "Antes que Abraham fuera, yo soy". Cristo, el hombre espiritual, habló a menudo por medio de Jesús, el hombre natural. Sabemos que Cristo, el hombre espiritual, no podía haber experimentado la muerte, el entierro y la resurrección. Las experiencias fueron posibles solamente para el hombre mortal, quien estaba pasando del plano natural al espiritual de la conciencia.

La palabra de Dios es la palabra que transmite al mundo las ideas del Altísimo. No es el Altísimo en Su plenitud, pero lleva con él el poder detrás del trono, porque "los tres uno son", el Padre (principio), el Hijo (el ideal) y el Espíritu Santo (la palabra formativa).

Jesús dijo, "El que guarda mi palabra nunca sufrirá muerte". La "palabra" [el Verbo] no es la palabra hablada o escrita de Jesús sino más bien la Palabra creativa original de Dios, el Logos. Éste es el Logo o Verbo que el evangelio de Juan dice que "Se hizo carne y habitó entre nosotros (lleno de gracia y de verdad; y vimos su gloria, gloria como del unigénito del Padre)". Según la Biblia las palabras de Jesús eran más poderosas que las de cualquier otro hombre que hubiera vivido. Él infundió la idea de vida divina en Sus palabras hasta que se vincularon directamente con la Palabra creativa del Padre.

Cuando un ser humano hace esta conexión íntima entre su mente y la del Padre con fe, entra en lo que puede llamarse el "río de la vida", y tiene la habilidad de llevar a otros consigo a las aguas que limpian, purifican y vitalizan tan perfectamente que la muerte es absorbida por la vida y el ser humano vive continuamente sin la tragedia de la muerte. Tal ser humano era y es, Jesús, el Cristo, y la promesa es que todos los que incorporen en mente y cuerpo la Palabra creativa como Él lo hizo, escaparán con Él de la muerte. Esta promesa del poder vencedor de la Palabra ha sido interpretada como que significa la muerte del alma después de la muerte física, pero no hay base para esta suposición. Jesús venció la muerte del cuerpo. Se espera que Sus seguidores hagan lo mismo.

Juan: Capítulo 9

[1]Al pasar Jesús vio a un hombre ciego de nacimiento. [2]Y le preguntaron sus discípulos, diciendo: —Rabí, ¿quién pecó, este o sus padres, para que haya nacido ciego? [3]Respondió Jesús: —No es que pecó este, ni sus padres, sino para que las obras de Dios se manifiesten en él. [4]Me es necesario hacer las obras del que me envió, mientras dura el día; la noche viene, cuando nadie puede trabajar. [5]Mientras estoy en el mundo, luz soy del mundo. [6]Dicho esto, escupió en tierra, hizo lodo con la saliva y untó con el lodo los ojos del ciego, [7]y le dijo: —Ve a lavarte en el estanque de Siloé —que significa «Enviado»—. Entonces fue, se lavó y regresó viendo. [8]Por eso, los vecinos y los que antes lo habían visto que era ciego, decían:—¿No es este el que se sentaba y mendigaba? [9]Unos decían: «Él es». Otros: «A él se parece». Él decía: «Yo soy». [10]Entonces le preguntaron: —¿Cómo te fueron abiertos los ojos? [11]Respondió él y dijo: —Aquel hombre que se llama Jesús hizo lodo, me untó los ojos y me dijo: "Ve al Siloé y lávate". Fui, pues, me lavé y recibí la vista. [12]Entonces le dijeron: —¿Dónde está él? Él dijo: —No sé. [13]Llevaron ante los fariseos al que había sido ciego. [14]Y era sábado cuando Jesús había hecho el lodo y le había abierto los ojos. [15]Volvieron, pues, a preguntarle también los fariseos cómo había recibido la vista. Él les dijo: —Me puso lodo sobre los ojos, me lavé y veo. [16]Entonces algunos de los fariseos decían: —Ese hombre no procede de Dios, porque no guarda el sábado. Otros decían: —¿Cómo puede un hombre pecador hacer estas señales? Y había división entre ellos. [17]Entonces le preguntaron otra vez al ciego: —¿Qué dices tú del que te abrió los ojos? Él contestó: —Que es profeta. [18]Pero los judíos no creyeron que él había sido ciego y que había recibido la vista, hasta que llamaron a los padres del que había recibido la vista, [19]y les preguntaron, diciendo: —¿Es este vuestro hijo, el que vosotros decís que nació ciego?

¿Cómo, pues, ve ahora? [20]Sus padres respondieron y les
dijeron:—Sabemos que este es nuestro hijo y que nació
ciego; [21]pero cómo ve ahora, no lo sabemos, o quién
le haya abierto los ojos, nosotros tampoco lo sabemos;
edad tiene, preguntadle a él; él hablará por sí mismo.
[22]Esto dijeron sus padres porque tenían miedo de los
judíos, por cuanto los judíos ya habían acordado que si
alguno confesaba que Jesús era el Mesías, fuera expul-
sado de la sinagoga. [23]Por eso dijeron sus padres: "Edad
tiene, preguntadle a él". [24]Llamaron nuevamente al
hombre que había sido ciego, y le dijeron: —¡Da gloria
a Dios! Nosotros sabemos que ese hombre es pecador.
[25]Entonces él respondió y dijo:—Si es pecador, no lo sé;
una cosa sé, que habiendo yo sido ciego, ahora veo. [26]Le
volvieron a decir: —¿Qué te hizo? ¿Cómo te abrió los
ojos? [27]Él les respondió: —Ya os lo he dicho y no habéis
escuchado, ¿por qué lo queréis oir otra vez? ¿Queréis
también vosotros haceros sus discípulos? [28]Entonces
lo insultaron, y dijeron: —Tú eres su discípulo, pero
nosotros, discípulos de Moisés somos. [29]Nosotros sabe-
mos que Dios ha hablado a Moisés, pero respecto a ese,
no sabemos de dónde ha salido. [30]Respondió el hombre
y les dijo: —Pues esto es lo maravilloso, que vosotros
no sepáis de dónde ha salido, y a mí me abrió los ojos.
[31]Y sabemos que Dios no oye a los pecadores; pero si
alguno es temeroso de Dios y hace su voluntad, a ese
oye. [32]Nunca se ha oído decir que alguien abriera los
ojos a uno que nació ciego. [33]Si este no viniera de Dios,
nada podría hacer. [34]Respondieron y le dijeron: —Tú
naciste del todo en pecado, ¿y nos enseñas a nosotros?
Y lo expulsaron. [35]Oyó Jesús que lo habían expulsado
y, hallándolo, le dijo: —¿Crees tú en el Hijo de Dios?
[36]Respondió él y dijo: —¿Quién es, Señor, para que crea
en él? [37]Le dijo Jesús: —Pues lo has visto; el que habla
contigo, ese es. [38]Y él dijo: —Creo, Señor—y lo adoró.
[39]Dijo Jesús: —Para juicio he venido yo a este mundo,
para que los que no ven, vean, y los que ven, sean
cegados. [40]Entonces algunos de los fariseos que estaban
con él, al oir esto, le dijeron: —¿Acaso también noso-
tros somos ciegos? [41]Jesús les respondió: —Si fuerais

ciegos no tendríais pecado, pero ahora, porque decís: "Vemos", vuestro pecado permanece.

Hay pecados de omisión y de comisión. Este texto ilustra un pecado de omisión. El hombre que nació ciego no había pecado, ni tampoco sus padres.

En todo este capítulo el Cristo declara, "¡Luz soy del mundo!" Cuando nuestros pensamientos ciegos y torpes despiertan a la realidad del Cristo, la oscuridad se disipa y vemos claramente.

La pregunta "¿Quién pecó, este o sus padres, para que haya nacido ciego?" indica una encarnación previa del hombre en el cuerpo carnal, en el cual él puede haber pecado. La creencia en encarnaciones sucesivas del hombre era aceptada por todos los escritores que eran sabios espiritualmente. Las tiendas y los tabernáculos en los cuales los hijos de Israel vivían en el desierto son símbolos del cuerpo carnal, el cual los seres humanos se ponen y se quitan una y otra vez. El Templo de Salomón es un símbolo del cuerpo regenerado del ser humano; cuando el ser humano logra este cuerpo, cesará de morir y reencarnar. Para poder construir este cuerpo indestructible debemos manifestar en nosotros las obras de Dios. Los fariseos observaban estrictamente el ritual externo pero no tenían conocimiento de la ley espiritual interna, la cual expresa su perfección como salud corporal.

El pecado de omisión es todavía mayor que el de comisión. Hay esperanza para quien es un pecador activo; pero ¿qué podemos esperar de uno que no hace ningún esfuerzo por hacer nada por sí mismo, quien simplemente va con la corriente, o mira a los demás hacer todas las cosas? Antes de que fuera sanado, el ciego era un pecador de omisión. Era un mendigo ciego, una persona que no tenía percepción de su propia capacidad o no tenía confianza en su poder de sobreponerse a las condiciones del plano material. Cuando el hombre no conoce su misión y no hace el trabajo de manifestar el bien que está destinado para él, permanece en la oscuridad. Su ceguera es ese pecado de omisión, el cual está presente en toda persona que no se da cuenta de su lugar en el reino de Dios. Si una persona no hace lo que su ser interior le dice que es lo correcto, peca, y permanecerá en la oscuridad según el grado en el cual peque.

Las obras de Dios que debemos hacer manifiestas son las ideas en la mente divina del ser humano perfecto. "Sed, pues, vosotros perfectos, como vuestro Padre que está en los cielos es perfecto." Debemos manifestar la perfección del Ser en nosotros. Si por la desidia, la flojera o por creer que no podemos dejamos de hacer esto, caemos bajo el juicio de la ley de la vida que opera constantemente, urgiéndonos internamente y, que con formas visibles e invisibles de la naturaleza, nos ordena: "¡Avanza!"

El mundo está lleno de personas que están en este estado de mendicidad mental ciega. Se sientan en las afueras y esperan que los trabajadores les den centavos y migajas, cuando ellas podrían producir su propio bien. El remedio para su situación es que nieguen la ceguera material, la ignorancia y la falta de habilidad en ellas mismas. Al poner el lodo en los ojos del ciego Jesús ilustró cómo el ser humano opaca su comprensión al afirmar el poder de las condiciones materiales que impiden y obstaculizan su crecimiento espiritual y material. El lavar el lodo por parte del hombre demuestra que por nuestra propia voluntad y por nuestros esfuerzos debemos negar estas montañas aparentes de condiciones del medio ambiente.

El punto inicial de la reformación del ser humano yace en la mente. El ser humano debe comenzar a manejar las situaciones primero mentalmente; a medida que procede a eliminar los pensamientos de limitación, las condiciones que lo rodean cambiarán gradualmente y se encontrará "viendo", como resultado de sus esfuerzos, para hacer la voluntad de la Mente suprema.

Cuando comenzamos a negar las limitaciones de los pensamientos viejos y materialistas de la raza y a afirmar la iluminación del Cristo morador, por seguro incitaremos a los judíos y a los fariseos en nuestro reino mental. Ya que ellos representan las tendencias que tenemos de aferrarnos a la letra de la Palabra, a las formas de religión y, por ende, a evitar que el poder del Espíritu verdaderamente ilumine nuestra mente y transforme todo nuestro ser. Si después de haber despertado somos osados en la declaración de la Verdad, como lo hizo este hombre cuando fue sanado, tendremos oposición por parte de nuestras ideas religiosas antiguas. Si les prestamos atención, podemos sentirnos como si ya no tuviéramos el favor espiritual. Mas no hemos de tener miedo. Venceremos al estar conscientes del Cristo, y Él se revelará a nosotros. Entonces Lo adoraremos verdaderamente.

Juan: Capítulo 10

[1]De cierto, de cierto os digo: El que no entra
por la puerta en el redil de las ovejas, sino que sube por
otra parte, ese es ladrón y salteador. [2]Pero el que entra
por la puerta, el pastor de las ovejas es. [3]A este abre el
portero, y las ovejas oyen su voz; y a sus ovejas llama
por nombre y las saca. [4]Y cuando ha sacado fuera todas
las propias, va delante de ellas; y las ovejas lo siguen
porque conocen su voz. [5]Pero al extraño no seguirán,
sino que huirán de él, porque no conocen la voz de
los extraños. [6]Esta alegoría les dijo Jesús, pero ellos no
entendieron qué era lo que les quería decir.

La puerta de tu mente determina tu amplitud mental. "Yo soy la puerta de las ovejas." Las "ovejas" son tus pensamientos. "Ladrones y salteadores" son pensamientos mortales. El "portero" es la voluntad. El "buen pastor" es el YO SOY espiritual.

Todas las fuerzas que vienen a tu conciencia de cualquier otra manera que no sea por medio de tu YO SOY son ladrones y salteadores. Ninguna persona puede ser salvada de las limitaciones y los errores de la ignorancia excepto por medio de su propia voluntad.

Existe la creencia muy arraigada de que podemos poner en manos de quienes tienen un mayor entendimiento la corrección de nuestros pensamientos enredados. Tal ayuda puede ser temporal, pero al final siempre resulta ser un "ladrón y salteador". El sanador verdadero siempre es el maestro e instruye a sus pacientes cómo abrir la puerta al "buen pastor", el YO SOY divino.

[7]Volvió, pues, Jesús a decirles: —De cierto, de
cierto os digo: Yo soy la puerta de las ovejas. [8]Todos
los que antes de mí vinieron, ladrones son y salteado-
res, pero no los oyeron las ovejas. [9]Yo soy la puerta: el

> que por mí entre será salvo; entrará y saldrá, y hallará pastos. [10]El ladrón no viene sino para hurtar, matar y destruir; yo he venido para que tengan vida, y para que la tengan en abundancia. [11]»Yo soy el buen pastor; el buen pastor su vida da por las ovejas. [12]Pero el asalariado, que no es el pastor, de quien no son propias las ovejas, ve venir al lobo y deja las ovejas y huye, y el lobo arrebata las ovejas y las dispersa. [13]Así que el asalariado huye porque es asalariado y no le importan las ovejas. [14]»Yo soy el buen pastor y conozco mis ovejas, y las mías me conocen, [15]así como el Padre me conoce y yo conozco al Padre; y pongo mi vida por las ovejas. [16]Tengo, además, otras ovejas que no son de este redil; a esas también debo atraer y oirán mi voz, y habrá un rebaño y un pastor. [17]Por eso me ama el Padre, porque yo pongo mi vida para volverla a tomar. [18]Nadie me la quita, sino que yo de mí mismo la pongo. Tengo poder para ponerla y tengo poder para volverla a tomar. Este mandamiento recibí de mi Padre.

"El buen pastor su vida da por las ovejas." Esto significa que el YO SOY elevado y espiritual permite que se le identifique con las limitaciones de la conciencia personal, para que pueda elevar todo al plano espiritual. "Yo pongo mi vida para volverla a tomar."

Cuando abrimos la puerta a la mente al afirmar conscientemente la presencia y el poder del YO SOY divino en medio de nosotros, tiene lugar un matrimonio o unión entre las fuerzas más elevadas del ser con lo menos elevado, y encontramos que somos avivados completamente; la vida del YO SOY ha sido vertida para nosotros. De aquí que Cristo se convierte en el Salvador del mundo, al verter esta energía espiritual más elevada (Su sangre) en la conciencia humana, la cual cada uno debe tomar por sí mismo e identificarse con ella. El YO SOY individual es la única puerta por la cual esta energía puede entrar en nuestros pensamientos de manera legítima. Si viene del hipnotismo, los mediums o la sugestión mental, sin nuestra cooperación voluntaria, es un "ladrón y salteador".

No hay sino un solo dador de vida, un Salvador, el Cristo; y Él es la única puerta por medio de la cual la esencia divina puede venir a nosotros. Jesús de Nazaret señala el camino, pero todos debemos tomar Su cruz y seguirlo, debemos "vencer" como Él venció.

> [19]Volvió a haber división entre los judíos por
> estas palabras. [20]Muchos de ellos decían: —Demonio
> tiene y está fuera de sí. ¿Por qué lo oís? [21]Decían otros:
> —Estas palabras no son de endemoniado. ¿Puede acaso
> el demonio abrir los ojos de los ciegos?

La palabra judíos en esta ocasión se refiere a los fariseos que siguen la letra de la ley. Siempre hay una división entre los intelectualmente sabios, una discusión constante. Sólo la conciencia crística busca la unidad de todas las cosas.

> [22]Se celebraba en Jerusalén la fiesta de la Dedi-
> cación. Era invierno, [23]y Jesús andaba en el Templo por
> el pórtico de Salomón.

Compartir una fiesta en el pórtico de Salomón en el Templo simboliza nuestra gente de pensamientos pacíficos apropiándose la sustancia espiritual en un estado externo de conciencia (pórtico).

> [24]Lo rodearon los judíos y le dijeron: —¿Hasta
> cuándo nos tendrás en suspenso? Si tú eres el Cristo,
> dínoslo abiertamente. [25]Jesús les respondió: —Os lo he
> dicho, y no creéis. Las obras que yo hago en nombre de
> mi Padre, ellas dan testimonio de mí; [26]pero vosotros no
> creéis, porque no sois de mis ovejas, como os he dicho.

En esta escritura Jesús simboliza el YO SOY, el Cristo, y los judíos simbolizan nuestros pensamientos intelectuales que se aferran a la letra de la ley a tal punto que no permiten que el mundo espiritual se expanda en y a través de la conciencia.

> [27]Mis ovejas oyen mi voz y yo las conozco, y me siguen; [28]yo les doy vida eterna y no perecerán jamás, ni nadie las arrebatará de mi mano. [29]Mi Padre, que me las dio, mayor que todos es, y nadie las puede arrebatar de la mano de mi Padre. [30]El Padre y yo uno somos.

"Mis ovejas oyen mi voz". Las ovejas son nuestros pensamientos tiernos y obedientes que siempre están abiertos a la inspiración del Cristo. El alma del ser humano está encapsulada en el cuerpo, con su gran órgano o instrumento del cual proviene la voz humana. Cuando un ser humano está establecido en su poder y dominio del YO SOY, su voz es fuerte, vibrante y con autoridad. Dios se reveló a los profetas de la antigüedad por medio del "silbo apacible y delicado". Mientras éste no es audible, es claro y distinguible. Muchos preguntan cómo se puede distinguir la voz verdadera. Oyen muchas voces pero no saben cómo distinguir la verdadera. Si el ser humano sigue al Espíritu Santo, el único maestro, si se concentra en el poder de la palabra y se mantiene en ella para la guía del Espíritu de verdad, entrará a un estado de discernimiento espiritual en el cual puede distinguir rápidamente el silbo apacible y delicado.

> [31]Entonces los judíos volvieron a tomar piedras para apedrearlo. [32]Jesús les respondió: —Muchas buenas obras os he mostrado de mi Padre; ¿por cuál de ellas me apedreáis? [33]Le respondieron los judíos, diciendo: —Por buena obra no te apedreamos, sino por la blasfemia, porque tú, siendo hombre, te haces Dios. [34]Jesús les respondió: —¿No está escrito en vuestra Ley: "Yo dije, dioses sois"? [35]Si llamó dioses a aquellos a

quienes vino la palabra de Dios (y la Escritura no puede
ser quebrantada), 36¿al que el Padre santificó y envió al
mundo, vosotros decís: "Tú blasfemas", porque dije:
"Hijo de Dios soy"? 37Si no hago las obras de mi Padre,
no me creáis. 38Pero si las hago, aunque no me creáis a
mí, creed a las obras, para que conozcáis y creáis que
el Padre está en mí y yo en el Padre. 39Intentaron otra
vez prenderlo, pero él se escapó de sus manos. 40Y se
fue de nuevo al otro lado del Jordán, al lugar donde
primero había estado bautizando Juan, y se quedó allí.
41Muchos acudían a él, y decían: —Juan, a la verdad,
ninguna señal hizo; pero todo lo que Juan dijo de este
era verdad. 42Y muchos creyeron en él allí.

Una vez que el Cristo ha hecho una labor positiva se retira a un estado interno de conciencia para recobrar su poder antes de lograr algo nuevo. En este estado de conciencia el intelecto no puede entrar. Pero después de un tiempo, el Cristo penetra de nuevo el Jordán, o subconsciente, formado con pensamientos buenos, malos e indiferentes. Aquí el ser humano está en un estado ignorante y no redimido. Sus conceptos están turbados por la materialidad. Sin embargo, aquí también la luz del Cristo penetra y puede creer y recibir la Verdad. Jesús ha hecho unidad consciente con Su mente maestra o mente YO SOY y, por medio de ella, con el Padre. Ésta es la única manera por la cual cualquier ser humano puede lograr la perfección.

Aquí de nuevo Jesús enfatiza la importancia de las obras para probar nuestras aseveraciones de autoridad y poder espiritual. "Si no hago las obras de mi Padre, no me creáis." El mundo está lleno de líderes religiosos que no pueden hacer las obras prometidas por Jesús y sin embargo son aceptados como Sus representantes. Él dijo: "Éstas señales seguirán a los que creen."

Juan: Capítulo 11

1Estaba enfermo uno llamado Lázaro, de Beta-
nia, la aldea de María y de Marta, su hermana. 2(María,
cuyo hermano Lázaro estaba enfermo, fue la que ungió
al Señor con perfume y le secó los pies con sus cabe-
llos). 3Enviaron, pues, las hermanas a decir a Jesús:
—Señor, el que amas está enfermo. 4Jesús, al oírlo, dijo:
—Esta enfermedad no es para muerte, sino para la glo-
ria de Dios, para que el Hijo de Dios sea glorificado por
ella. 5Y amaba Jesús a Marta, a su hermana y a Lázaro.
6Cuando oyó, pues, que estaba enfermo, se quedó dos
días más en el lugar donde estaba. 7Luego, después de
esto, dijo a los discípulos: —Vamos de nuevo a Judea.
8Le dijeron los discípulos: —Rabí, hace poco los judíos
intentaban apedrearte, ¿y otra vez vas allá? 9Respondió
Jesús: —¿No tiene el día doce horas? El que anda de
día no tropieza, porque ve la luz de este mundo; 10pero
el que anda de noche, tropieza, porque no hay luz
en él. 11Dicho esto, agregó: —Nuestro amigo Lázaro
duerme, pero voy a despertarlo. 12Dijeron entonces sus
discípulos:—Señor, si duerme, sanará. 13Jesús decía
esto de la muerte de Lázaro, pero ellos pensaron que
hablaba del reposar del sueño. 14Entonces Jesús les
dijo claramente: —Lázaro ha muerto, 15y me alegro por
vosotros de no haber estado allí, para que creáis; pero
vamos a él.16Dijo entonces Tomás, llamado Dídimo, a
sus condiscípulos: —Vamos también nosotros, para que
muramos con él.

El nombre Lázaro significa "a quien Dios ayuda". Interpretado metafísicamente, Lázaro representa la fortaleza espiritual que surge en el ser humano al reconocer a Dios como su poder sostenedor. Cuando la persona no reconoce a Dios como el origen y apoyo de su vida, la comprensión espiritual se debilita en él y se hunde en lo material. A todas luces está muerto para la Verdad de su ser. El alma devota, María, y el alma práctica, Marta, son hermanas en este intelecto y, aunque como todas las mujeres, tienen fe en el Espíritu, caen bajo el pensamiento de la ley mortal y creen en la realidad de la muerte. El mundo entero está bajo el hipnotismo de esta creencia material, y cava las tumbas de miles cada día.

De una condición adormecida del alma como la de Lázaro, el YO SOY (Jesús) invoca al Espíritu viviente del Cristo y despierta de nuevo, con una palabra, la conciencia de la comprensión verdadera en el ser humano y también la percepción avivada de sus facultades.

El nombre Tomás significa "gemelo". Considerado espiritualmente, Tomás es la comprensión, cuyo gemelo es Mateo, la voluntad. Mateo, gemelo metafísico de Tomás, no es descrito de esta manera en las Escrituras; espiritualmente se le identifica como la facultad coordinadora. En una mente bien equilibrada, la comprensión es seguida por la acción.

La comprensión intelectual nos asegura la verdad de la impresión de nuestros sentidos. Ella dice: "Ver para creer". Según esto, si viéramos escrito en un pizarrón "dos y dos son seis", deberíamos aceptar como verdad una contradicción en los principios matemáticos.

> [17]Llegó, pues, Jesús y halló que hacía ya cuatro
> días que Lázaro estaba en el sepulcro. [18]Betania estaba
> cerca de Jerusalén, como a quince estadios, [19]y muchos
> de los judíos habían venido a Marta y a María, para
> consolarlas por su hermano. [20]Entonces Marta, cuando
> oyó que Jesús llegaba, salió a encontrarlo, pero María se
> quedó en casa. [21]Marta dijo a Jesús: —Señor, si hubieras
> estado aquí, mi hermano no habría muerto. [22]Pero tam-
> bién sé ahora que todo lo que pidas a Dios, Dios te lo
> dará. [23]Jesús le dijo: —Tu hermano resucitará. [24]Marta le
> dijo:—Yo sé que resucitará en la resurrección, en el día
> final. [25]Le dijo Jesús: —Yo soy la resurrección y la vida;
> el que cree en mí, aunque esté muerto, vivirá. [26]Y todo
> aquel que vive y cree en mí, no morirá eternamente.

¿Crees esto? [27]Le dijo: —Sí, Señor; yo he creído que tú
eres el Cristo, el Hijo de Dios, que has venido al mundo.
[28]Habiendo dicho esto, fue y llamó a María su hermana,
diciéndole en secreto: —El Maestro está aquí, y te llama.
[29]Ella, cuando lo oyó, se levantó de prisa y fue a él. [30]Jesús
todavía no había entrado en la aldea, sino que estaba en
el lugar donde Marta lo había encontrado. [31]Entonces
los judíos que estaban en casa con ella y la consolaban,
cuando vieron que María se había levantado de prisa y
había salido, la siguieron, diciendo: —Va al sepulcro, a
llorar allí. [32]María, cuando llegó a donde estaba Jesús,
al verlo, se postró a sus pies, diciéndole: —Señor, si
hubieras estado aquí, no habría muerto mi hermano.
[33]Jesús entonces, al verla llorando y a los judíos que la
acompañaban, también llorando, se estremeció en espí-
ritu y se conmovió, [34]y preguntó: —¿Dónde lo pusisteis?
Le dijeron: —Señor, ven y ve. [35]Jesús lloró. [36]Dijeron
entonces los judíos: —¡Mirad cuánto lo amaba! [37]Y
algunos de ellos dijeron: —¿No podía este, que abrió
los ojos al ciego, haber hecho también que Lázaro no
muriera? [38]Jesús, profundamente conmovido otra vez,
vino al sepulcro. Era una cueva y tenía una piedra
puesta encima. [39]Dijo Jesús:—Quitad la piedra. Marta, la
hermana del que había muerto, le dijo: —Señor, hiede
ya, porque lleva cuatro días. [40]Jesús le dijo: —¿No te he
dicho que si crees verás la gloria de Dios? [41]Entonces
quitaron la piedra de donde había sido puesto el muerto.
Y Jesús, alzando los ojos a lo alto, dijo: —Padre, gracias
te doy por haberme oído. [42]Yo sé que siempre me oyes;
pero lo dije por causa de la multitud que está alrededor,
para que crean que tú me has enviado. [43]Y habiendo
dicho esto, clamó a gran voz: —¡Lázaro, ven fuera! [44]Y el
que había muerto salió, atadas las manos y los pies con
vendas, y el rostro envuelto en un sudario. Jesús les dijo:
—Desatadlo y dejadlo ir.

Jesús representa al ser humano en regeneración; esto es, en el proceso de restaurar su cuerpo a su condición natural, donde continuará viviendo perpetuamente sin vejez, enfermedad ni muerte. Un paso necesario en este proceso de restauración del cuerpo es el avivamiento del Lázaro que dormía, que representa las energías revitalizadoras en el subconsciente que alimentan el cuerpo y le dan la fuerza de vida que renueva su juventud.

Jesús estaba en Betania, cerca de Jerusalén. Metafísicamente, Jerusalén representa un punto en la conciencia donde la energía espiritual de la vida es lo suficientemente fuerte para revitalizar la sustancia corporal adyacente (Betania, "casa de higos"). Jesús revitalizó y bautizó Su alma y cuerpo con el espíritu de vida cuando negó el poder de la muerte sobre Lázaro y afirmó la resurrección de la vida. Podemos hacer lo mismo cuando lo hacemos en Su nombre. Jesús llorando representa las condiciones aparentemente insalvables que están ante nosotros.

Siempre debemos recordar que la juventud que amamos tanto nunca muere; está dormida simplemente en el subconsciente. Jesús dijo que Lázaro no estaba muerto. Las personas envejecen porque permiten que la idea de la juventud se duerma. Esta idea no está muerta sino dormida, y el YO SOY comprensivo (Jesús) la despierta. Este despertar de energías jóvenes es necesario para la persona en regeneración. El cuerpo no podrá ser refinado y hecho eterno, como lo es su Creador, hasta que todos los pensamientos necesarios para su perpetuación sean revividos en él. La eterna juventud es una de esas ideas dadas por Dios que a la gente ama. Jesús amó a Lázaro.

Los sentidos externos dicen que esta fuerza revitalizadora de juventud está muerta en el ser humano, que ha estado muerta por tanto tiempo que está corrupta; pero el conocimiento más agudo del ser humano espiritual proclama: "Nuestro amigo Lázaro duerme, pero voy a despertarlo".

Traer esta vida durmiente a la conciencia externa no es tarea fácil. Jesús lloró en espíritu y estaba atribulado por el prospecto. Lo más elevado debe unirse en compasión y amor con lo menos elevado para manifestar el despertar, "Jesús lloró." Pero debe haber más que compasión y amor, "Quitad la piedra." La "piedra" que mantiene a la vida durmiente en la tumba material es la creencia, en el subconsciente, en la permanencia de las leyes materiales presentes. Esta "piedra" debe ser quitada por medio de la fe. El ser humano que desee que la vida interna surja, debe creer en la realidad de la vida espiritual omnipresente y debe ejercitar su fe al invocar en oración a la presencia del invisible pero omnipresente, Dios. Esto revela a la conciencia la gloria del Espíritu, y el alma ha sido testigo en sí misma de un poder que no conocía.

En el Espíritu todas las cosas se han cumplido. En el momento en que un concepto entra a la mente, lo concebido es consumado por medio de la ley que gobierna la acción de las ideas. El inventor ve mentalmente la máquina haciendo el trabajo deseado, aunque puedan faltar años para que eso suceda. El ser de mente espiritual aprovecha esta ley y afirma la finalización de este ideal, sin importar las apariencias externas. Esto estimula la energía en el proceso de pensamiento y le da poder más allá de lo estimado. Éste es el paso que Jesús dio cuando elevó los ojos y dijo: "Padre, gracias te doy por haberme oído. Yo sé que siempre me oyes". La juventud durmiente (Lázaro) no responde de una vez, sino que la oración de acción de gracias que está ahora en acción, da la seguridad que trae al segundo paso a la superficie: "¡Lázaro, ven fuera!"

Jesús "clamó a gran voz". Esto enfatiza la necesidad de trabajar sin cesar para proyectar la vida interna a la superficie. Los principiantes encuentran fácil, bajo las instrucciones apropiadas, avivar los diferentes centros de vida del cuerpo y coordinarlos como una batería del cuerpo que, bajo la dirección de la voluntad, lanza una corriente de energía a cualquier lugar deseado. Llega un momento cuando la carne externa debe ser revitalizada con esta vida interna; entonces surge la necesidad de "clamar a gran voz" como la fuerza que lo impulsa. Esto es quitar "el sudario" de la cara, lo cual representa la inteligencia consciente manifiesta.

Liberar todas las trabas es necesario antes de que la vida aprisionada pueda encontrar su canal natural. "Desatadlo y dejadlo ir" significa vida sin trabas expresándose en la libertad gloriosa del Espíritu. La carne tomaría este alimento vital para utilizarlo de la manera antigua, pondría vino nuevo en odres viejos, pero el Espíritu guía a quienes confían en Él por los caminos correctos cuando escuchan pacientemente a la guía interna.

La resurrección de Lázaro es llevada a cabo cada día por quienes se ponen el nuevo cuerpo crístico gracias a la vida crística resucitada.

> 45 Entonces muchos de los judíos que habían ido
> para acompañar a María y vieron lo que había hecho
> Jesús, creyeron en él. 46 Pero algunos de ellos fueron a
> los fariseos y les dijeron lo que Jesús había hecho.

Interpretado en nuestro interior, siempre hay fuerzas de pensamiento que creen la Verdad y aceptan los llamados milagros del Cristo, pero también hay quienes cuestionan y se dirigen a los fariseos (la fase estrictamente intelectual de la mente) por su sello y aprobación.

> 47 Entonces los principales sacerdotes y los fari-
> seos reunieron el Concilio, y dijeron: —¿Qué haremos?,
> pues este hombre hace muchas señales. 48 Si lo dejamos
> así, todos creerán en él, y vendrán los romanos y des-
> truirán nuestro lugar santo y nuestra nación. 49 Enton-
> ces Caifás, uno de ellos, sumo sacerdote aquel año, les
> dijo: —Vosotros no sabéis nada, 50 ni os dais cuenta de
> que nos conviene que un hombre muera por el pueblo,
> y no que toda la nación perezca. 51 Esto no lo dijo por sí
> mismo, sino que como era el sumo sacerdote aquel año,
> profetizó que Jesús había de morir por la nación; 52 y no
> solamente por la nación, sino también para congregar
> en uno a los hijos de Dios que estaban dispersos. 53 Así
> que desde aquel día acordaron matarlo.

En esta instancia los fariseos representan una congregación de personas de pensamiento intelectual juntos para consultarse. Los romanos simbolizan la regla por la cual se rige el ser humano natural. El fariseo intelectual siempre es celoso de sus derechos religiosos y temeroso de que le roben lo que le pertenece. Él observa las formas de religión pero descuida al espíritu. No comprende las actividades de la mente crística y por ello la teme.

Otra tendencia del intelecto es cuestionar y discutir una y otra vez. El sumo sacerdote simboliza la fuerza de pensamiento espiritual más elevada en autoridad que tiene un viso de Verdad, y percibe que el Cristo a la larga dará Su vida por la redención de todos. Sin embargo, el intelecto estrecho no tiene el punto de vista espiritual y busca destruir el poder espiritual salvador.

> [54]Por eso, Jesús ya no andaba abiertamente entre los judíos, sino que se alejó de allí a la región contigua al desierto, a una ciudad llamada Efraín, y se quedó allí con sus discípulos. [55]Se acercaba la Pascua de los judíos, y muchos subieron de aquella región a Jerusalén, antes de la Pascua, para purificarse. [56]Buscaban a Jesús y se preguntaban unos a otros en el Templo: —¿Qué os parece? ¿No vendrá a la fiesta? [57]Los principales sacerdotes y los fariseos habían dado orden de que si alguno se enteraba de dónde estaba, informara de ello, para prenderlo.

Cuando un estado de conciencia no está abierto a la Verdad, el Cristo (simbolizado en esta escritura por Jesús) se retira a al "santo santorum" (aquí simbolizado por Efraín, un nombre que significa "doblemente fructífero",) donde la unión estrecha con la gran fuente divina se encuentra. Jesús, entonces, no caminó más abiertamente entre los judíos.

La Pascua de los judíos representa pasar de un estado de conciencia bajo a uno más elevado. Por la pascua espiritual el devoto siempre busca la ciudad de la paz (Jerusalén). No importa en qué estado de conciencia uno pueda estar funcionando, siempre hay algo en nosotros que anhela algo mejor. El intelecto, que continúa creyendo que es la suma autoridad, quiere matar al Cristo.

Juan: Capítulo 12

[1]Seis días antes de la Pascua fue Jesús a Betania, donde estaba Lázaro, el que había estado muerto y a quien había resucitado de los muertos. [2]Y le hicieron allí una cena; Marta servía y Lázaro era uno de los que estaban sentados a la mesa con él. [3]Entonces María tomó una libra de perfume de nardo puro, de mucho precio, y ungió los pies de Jesús y los secó con sus cabellos; y la casa se llenó del olor del perfume.

Betania significa "un lugar de frutos," los dátiles, el pan, o sea, la sustancia. Cuando hacemos una demostración mental obtenemos cierto resultado en nuestro cuerpo. Esto es llamado el "fruto" de nuestro pensamiento.

Cuando Jesús fue a Betania, se dio cuenta del fruto o los efectos de resucitar a Lázaro; esto es, el avivamiento de ciertas energías durmientes en Su conciencia corporal.

Esta comprensión es un festín para el alma y el cuerpo, la plenitud de la persona entera, de satisfacción. Marta, el alma práctica, y María, el alma devota, sirven al Maestro. Marta provee para las necesidades materiales y María, para las espirituales, mientras Lázaro se sienta a la mesa (mora como la sustancia viviente de la subconciencia).

María, el lado devoto del alma, siente gratitud por el despertar de su hermano Lázaro, porque ella depende para su manifestación de la vida subconsciente que él representa. Cuando el alma es elevada en oración y acción de gracias, sigue una corriente de amor que llena toda la "casa" o cuerpo con su aroma. La unción de los pies de Jesús representa la voluntad del amor de servir. Cuando Jesús lavó los pies de los apóstoles Él dijo: "El mayor entre vosotros sea como el más joven, y el que dirige, como el que sirve".

4Dijo uno de sus discípulos, Judas Iscariote hijo
de Simón, el que lo había de entregar: 5—¿Por qué no
se vendió este perfume por trescientos denarios y se les
dio a los pobres? 6Pero dijo esto, no porque se preocu-
para por los pobres, sino porque era ladrón y, teniendo
la bolsa, sustraía de lo que se echaba en ella. 7Enton-
ces Jesús dijo: —Déjala, para el día de mi sepultura
ha guardado esto. 8A los pobres siempre los tendréis
con vosotros, pero a mí no siempre me tendréis. 9Gran
multitud de los judíos supieron entonces que él estaba
allí, y fueron, no solamente por causa de Jesús, sino
también para ver a Lázaro, a quien había resucitado de
los muertos. 10Pero los principales sacerdotes acordaron
dar muerte también a Lázaro, 11porque a causa de él
muchos de los judíos se apartaban y creían en Jesús.

Judas Iscariote (la conciencia de los sentidos) es el egoísmo encarnado, y cada uno de sus pensamientos aumenta la personalidad. Cuando María unge los pies de Jesús (cuando el amor vierte su sustancia valiosa, disipando su esencia a través de todo el ser humano), Judas pregunta por qué el perfume no fue vendido y la ganancia dada a los pobres. La conciencia de Judas cree en la pobreza y no tiene comprensión de la ley verdadera de provisión. Todo lo que viene a la conciencia es apropiado de manera egoísta y disipado por este ladrón, mas, éste no produce nada. La conciencia de los sentidos es el enigma de la existencia, y en ella está envuelto el misterio de la individualidad. Jesús sabía que esta parte de Su ser Lo traicionaría, pero no hizo ningún esfuerzo para impedir el acto de Judas. La conciencia de los sentidos traiciona al ser humano todos los días, sin embargo, sería completamente inapropiado destruirla antes de tiempo, porque en el fondo, es buena; simplemente se ha equivocado; "tiene un demonio".

Según Henry Drummond, quien analizó el amor magistralmente, el amor "es la cosa más grande del mundo". Jesús reconoció el poder del amor cuando dijo: "Déjala, para el día de mi sepultura ha guardado esto". Cuando la personalidad está herida por la muerte y lo entrega todo, el amor vierte su bálsamo sobre cada herida y la sustancia de su compasión proporciona esperanza y fe al alma descorazonada. Una sanadora mental de renombre relata que su esposo estaba muriendo de tuberculosis. Ella lo había tratado de todas las maneras que ella conocía, sin resultado ninguno, cuando un día, en su agonía, ella exclamó: "Daría toda mi vida por sanarte". Inmediatamente, dijo ella, una gran cantidad de sustancia parecía salir de su corazón hacia su esposo, y desde ese día, él comenzó a mejorar y al final sanó. Tal fue el bálsamo del amor, vertido en él que a pesar de estar sumido en la conciencia de la muerte lo resucitó. El amor divino tiene un bálsamo para cada enfermo.

> 12El siguiente día, grandes multitudes que
> habían ido a la fiesta, al oir que Jesús llegaba a Jerusa-
> lén, 13tomaron ramas de palmera y salieron a recibirlo, y
> clamaban: —¡Hosana! ¡Bendito el que viene en el nom-
> bre del Señor, el Rey de Israel! 14Halló Jesús un asnillo
> y montó sobre él, como está escrito: 15«No temas, hija
> de Sión; tu Rey viene, montado sobre un pollino de
> asna». 16Estas cosas no las entendieron sus discípulos al
> principio, pero cuando Jesús fue glorificado, entonces
> se acordaron de que estas cosas estaban escritas acerca
> de él, y de que se las habían hecho. 17Y daba testimonio
> la gente que estaba con él cuando llamó a Lázaro del
> sepulcro y lo resucitó de los muertos. 18Por lo cual tam-
> bién había salido la gente a recibirlo, porque había oído
> que él había hecho esta señal. 19Pero los fariseos dijeron
> entre sí: —Ya veis que no conseguís nada. Mirad, el
> mundo se va tras él.

La entrada triunfal de Jesús a Jerusalén y la manera como la multitud lo recibió representa un entusiasmo pasajero y externo, el resultado de las demostraciones externas. Esta multitud que fue a recibirlo diciendo "—¡Hosana!

¡Bendito el que viene en el nombre del Señor!", lo hizo porque habían sido testigos de la resurrección de Lázaro. Su homenaje a Jesús estaba basado en las "señales" que habían visto, y no en la convicción interna de la Verdad que da fe de los seguidores sinceros.

Una gran proporción de quienes se unen a la causa hoy en día lo hacen desde el punto de vista de las "señales". Han observado alguna demostración y aceptan la filosofía de la misma manera como lo harían con una nueva medicina, y cambian su doctrina tan rápidamente como el médico cambia la dosis.

> 20Había ciertos griegos entre los que habían
> subido a adorar en la fiesta. 21Estos, pues, se acercaron
> a Felipe, que era de Betsaida de Galilea, y le rogaron,
> diciendo:—Señor, queremos ver a Jesús. 22Felipe fue
> y se lo dijo a Andrés; entonces Andrés y Felipe se lo
> dijeron a Jesús. 23Jesús les respondió diciendo: —Ha
> llegado la hora para que el Hijo del hombre sea glorificado.
> 24De cierto, de cierto os digo que si el grano de
> trigo que cae en la tierra no muere, queda solo, pero
> si muere, lleva mucho fruto. 25El que ama su vida, la
> perderá; y el que odia su vida en este mundo, para
> vida eterna la guardará. 26Si alguno me sirve, sígame; y
> donde yo esté, allí también estará mi servidor. Si alguno
> me sirve, mi Padre lo honrará.

El sentido común a menudo salva a la persona del fanatismo o entusiasmo religioso. Los griegos representan el lado práctico de la naturaleza humana. Ellos piden a Felipe una entrevista con Jesús, y Felipe se lo dice a Andrés. Todo esto significa que la razón actúa por medio del poder (Felipe) y de la fortaleza (Andrés) en el ser humano, y cuando el YO SOY es llamado a bajar de su trono espiritual a la contemplación de la vida práctica, el equilibrio es restaurado. Entonces éste reconoce la ley para dar de su idealismo exaltado a la conciencia terrenal, para que también pueda ser elevada. Para la conciencia más alta, esto parece como la muerte de un ideal, pero es sólo una unión temporal, la cual tiene su resurrección en un aumento mayor de vida y poder. De aquí que perdemos nuestra vida en el servicio del bien y no le damos valor para encontrarla de nuevo en el Espíritu.

> 27»Ahora está turbada mi alma, ¿y qué diré? ¿Padre, sálvame de esta hora? Pero para esto he llegado a esta hora. 28Padre, glorifica tu nombre. Entonces vino una voz del cielo: «Lo he glorificado, y lo glorificaré otra vez». 29Y la multitud que estaba allí y había oído la voz, decía que había sido un trueno. Otros decían: —Un ángel le ha hablado. 30Respondió Jesús y dijo:—No ha venido esta voz por causa mía, sino por causa de vosotros.

La misión de Jesús en la tierra fue salvar a la raza de la esclavitud del pecado, la enfermedad y la muerte. Esta escritura revela que Jesús se había dado cuenta de la Verdad en este respecto y que el tiempo para la demostración se acercaba. Ante todo esto, Él se dio cuenta de que estaba en un territorio nuevo y sentía cierta tribulación. "¿Padre, sálvame de esta hora? Pero para esto he llegado a esta hora. Padre, glorifica tu nombre." De su interior provino la voz de Dios que le dio seguridad: "Lo he glorificado, [el nombre] y lo glorificaré otra vez". Esto significa que las credenciales celestiales de Jesús eran suficientes y que no había nada qué temer. La demostración debe, a la larga, salir a la luz.

> 31Ahora es el juicio de este mundo; ahora el príncipe de este mundo será echado fuera. 32Y yo, cuando sea levantado de la tierra, a todos atraeré a mí mismo. 33Esto decía dando a entender de qué muerte iba a morir. 34Le respondió la gente: —Nosotros hemos oído que, según la Ley, el Cristo permanece para siempre ¿Cómo, pues, dices tú que es necesario que el Hijo del hombre sea levantado? ¿Quién es este Hijo del hombre? 35Entonces Jesús les dijo: —Aún por un poco

de tiempo la luz está entre vosotros; andad entretanto que tenéis luz, para que no os sorprendan las tinieblas, porque el que anda en tinieblas no sabe a dónde va.
[36]Entre tanto que tenéis la luz, creed en la luz, para que seáis hijos de luz.

La multitud mencionada aquí se refiere a la multitud de pensamientos en el alma que trata de captar las leyes espirituales. La respuesta de Jesús fue: "Aún por un poco de tiempo la luz está entre vosotros, andad entretanto que tenéis luz, para que no os sorprendan las tinieblas."

[36]Habiendo dicho Jesús esto, se fue y se ocultó
de ellos. [37]Pero a pesar de que había hecho tan-
tas señales delante de ellos, no creían en él, [38]para
que se cumpliera la palabra del profeta Isaías, que
dijo: «Señor, ¿quién ha creído a nuestro anuncio?
¿Y a quién se ha revelado el brazo del Señor?».
[39]Por esto no podían creer, porque también dijo Isaías:
[40]«Cegó los ojos de ellos y endureció su corazón,
para que no vean con los ojos, ni entiendan con el cora-
zón, ni se conviertan, y yo los sane». [41]Isaías dijo esto
cuando vio su gloria, y habló acerca de él. [42]A pesar de
eso, muchos, incluso de los gobernantes, creyeron en
él, pero no lo confesaban por temor a los fariseos, para
no ser expulsados de la sinagoga, [43]porque amaban más
la gloria de los hombres que la gloria de Dios.

Por un "profeta" en el alma se entiende la capacidad de leer la ley y no percibirla a tal grado que el alma pueda demostrar realmente la espiritualidad. En esta escritura es revelado que el intelecto farisaico tenía la autoridad, forzando a las fuerzas de alma que comenzaban a comprender la Verdad pero que todavía amaban la gloria que es de los hombrea más que la que es de Dios.

[44]Jesús clamó y dijo: «El que cree en mí, no
cree en mí, sino en el que me envió; [45]y el que me ve,
ve al que me envió. [46]Yo, la luz, he venido al mundo,
para que todo aquel que cree en mí no permanezca en
tinieblas. [47]Al que oye mis palabras y no las guarda, yo
no lo juzgo, porque no he venido a juzgar al mundo,
sino a salvar al mundo. [48]El que me rechaza y no recibe
mis palabras, tiene quien lo juzgue: la palabra que
he hablado, ella lo juzgará en el día final. [49]Yo no he
hablado por mi propia cuenta; el Padre, que me envió,
él me dio mandamiento de lo que he de decir y de lo
que he de hablar. [50]Y sé que su mandamiento es vida
eterna. Así pues, lo que yo hablo, lo hablo como el
Padre me lo ha dicho».

En esta escritura Jesús (que simboliza el Cristo morador) declara a toda la conciencia del alma que la preponderancia de poder es espiritual. El carácter espiritual es la roca que es la base del Ser; por eso Él urge a la multitud de pensamientos que se den cuenta de que su redención proviene por medio de la declaración de su unidad con el Espíritu y que la voluntad de Dios está activa en la conciencia.

La comprensión de la unidad divina es lo más elevado que podemos alcanzar. Ésta es la gloria verdadera, la unión y fusión de todo el ser en la mente divina. "Sé uno con Dios y ten encontrarás en el cielo aquí y ahora."

Juan: Capítulo 13

[1]Antes de la fiesta de la Pascua, sabiendo Jesús
que su hora había llegado para que pasara de este
mundo al Padre, como había amado a los suyos que
estaban en el mundo, los amó hasta el fin. [2]Y cuando
cenaban, como el diablo ya había puesto en el cora-
zón de Judas Iscariote hijo de Simón que lo entregara,
[3]sabiendo Jesús que el Padre le había dado todas las
cosas en las manos, y que había salido de Dios y a Dios
iba, [4]se levantó de la cena, se quitó su manto y, tomando
una toalla, se la ciñó. [5]Luego puso agua en una vasija y
comenzó a lavar los pies de los discípulos y a secarlos
con la toalla con que estaba ceñido.

Tenemos pruebas por todas partes de que gracias a nuestra mente estamos unidos a la Mente universal. Por medio del fluir de mente y Mente, actuamos y reaccionamos unos con otros, y "ningún hombre vive solo". Por este contacto mental todos somos responsables por las buenas o malas condiciones de nuestros semejantes y desde un punto de vista más amplio, por toda la raza humana. El cristianismo nos enseña que el pecado vino al mundo por medio del pecado de un hombre, Adán, y que es perdonado por la rectitud de un hombre, Jesús. Esto fue demostrado por la proyección, en la conciencia de la raza, de la sangre de la energía de vida avivada espiritualmente de Jesús como solvente para el pecado.

Satanás representa el ego adverso en la raza que se opone y resiste la ley divina, y Judas es su representante personal. Jesús purificó todos los elementos que componían Su sangre, destruyó los átomos y liberó a los electrones en la conciencia de la raza, sujetándolos a la voluntad y apropiación de cualquiera que tenga suficiente fe y el deseo de lograr esa meta. Renunciar a esta esencia de vida fue un gran sacrificio por parte de Jesús; confió a otros Su esencia misma de vida para que fuera apropiada por ellos y restaurada a Él cuando todos hayan logrado la pureza de los principios que ella representa.

En este episodio Jesús está a punto de hacer un gran sacrificio; el paso de un estado de conciencia a otro está a punto de llevarse a cabo. Entonces, Él cesa de ser el gran líder de hombres y por medio de la entrega de la posesión más valiosa del ser humano, su vida, Jesús se convierte en sirviente de todos nosotros.

Tanto por Sus actos como por Sus palabras, Jesús nos enseñó muchas lecciones acerca del desenvolvimiento del alma. El desenvolvimiento del alma representa la manifestación de las ideas divinas en el alma o conciencia del ser humano y el traer estas ideas a expresión en el cuerpo. Jesús dijo a Sus discípulos que aquéllos que se han hecho grandes primero han de aprender a servir y al hacerlo encontrarán su bien.

Los discípulos indisciplinados habían discutido acerca de quien debería tener los lugares más altos en el reino, quien debería ser el más grande, quien se debería sentar a la derecha del Maestro y quien a la izquierda. Jesús les citó la inocencia, confianza y la voluntad de aprender de los niños. También les mostró la diferencia entre la grandeza divina y la idea humana de grandeza. Finalmente, les dijo que quienquiera que fuera grande entre ellos debería ser su ministro o sirviente, así como el Hijo del hombre vino a ser ministro y "para dar su vida en rescate por todos". Que le hagan todo a uno es quedarse como un niño, pero hacer por los demás es alcanzar el estado adulto. Jesús dio Su vida misma en servicio al mundo, y nos dio un ejemplo de lo que debíamos seguir. Debemos estar desear ser humildes, desinteresados y estar dispuestos a ayudar a otros por su bien eterno como Él lo hizo.

> 6Cuando llegó a Simón Pedro, este le dijo:—
> Señor, ¿tú me lavarás los pies? 7Respondió Jesús y le
> dijo: —Lo que yo hago, tú no lo comprendes ahora,
> pero lo entenderás después. 8Pedro le dijo:—No me
> lavarás los pies jamás. Jesús le respondió:—Si no te

lavo, no tendrás parte conmigo. [9]Le dijo Simón Pedro:
—Señor, no solo mis pies, sino también las manos y la
cabeza. [10]Jesús le dijo: —El que está lavado no necesita
sino lavarse los pies, pues está todo limpio; y vosotros
limpios estáis, aunque no todos. [11]Él sabía quién lo iba
a entregar; por eso dijo: «No estáis limpios todos».

[12]Así que, después que les lavó los pies, tomó
su manto, volvió a la mesa y les dijo: —¿Sabéis lo que
os he hecho? [13]Vosotros me llamáis Maestro y Señor,
y decís bien, porque lo soy. [14]Pues si yo, el Señor y
el Maestro, he lavado vuestros pies, vosotros también
debéis lavaros los pies los unos a los otros, [15]porque
ejemplo os he dado para que, como yo os he hecho,
vosotros también hagáis. [16]De cierto, de cierto os digo:
El siervo no es mayor que su señor, ni el enviado es
mayor que el que lo envió. [17]Si sabéis estas cosas, bien-
aventurados sois si las hacéis.

La conciencia espiritual pone a todos los seres humanos y a todas las cosas al mismo nivel. A la vista de Dios no hay grande ni pequeño. El principio de vida (que es Dios inmanente en el universo como la causa subyacente de toda manifestación) provee para el trabajador humilde e ignorante tan plena y libremente como lo hace para la persona más culta. Quienes se "visten de Cristo" (desarrollan una conciencia de acuerdo al nivel del Cristo) no le dan importancia ni al rango ni al título.

Hace algunos años dos humildes misioneros que habían estado en China fueron recibidos en la casa de una mujer rica en Estados Unidos, quien estaba interesada en las misiones en el extranjero. Cuando llegó la hora de irse, los misioneros caminaron dos cuadras para tomar el tren y así ahorrarse el dinero del taxi. Su anfitriona, quien vivía con sencillez y no tenía automóvil, insistió en acompañarlos a la estación y los ayudó a llevar su equipaje de mano. Ella había dado millones a la causa de salud y educación en India y China, sin embargo, era completamente democrática y sencilla.

Los pies son los sirvientes dispuestos y pacientes del cuerpo. Ellos obedecen a la mente todo el día y sobre ellos descansan muchas de las cargas que son el resultado de pensamientos materiales. Mientras más creamos en la importancia falsa de la materia, mayor es la carga que ponemos sobre nuestros pies y se cansan más.

Al lavar los pies de Sus apóstoles Jesús negó la idea de la raza de la importancia de lo material y enseñó el valor del servicio. Hasta Pedro (fe espiritual) tenía que ser limpio de su creencia en la realidad aparente de las condiciones materiales. Parece una cosa humilde lavar los pies de otro, pero Jesús enseñó y ejemplificó la voluntad del amor divino de amar y servir con humildad y así redimir al ser humano de su orgullo de la carne.

Así como, por medio de Su gran amor, Jesús limpió nuestra comprensión, del mismo modo nosotros debemos limpiar la comprensión de nuestros semejantes. Él delega en Sus discípulos y estudiantes de todas las edades y les da el poder para limpiar la mente humana de los niveles falsos de vida. Esta limpieza crística por medio del amor no es solamente una enseñanza; es también una manera de vivir. El verdadero maestro del cristianismo práctico debe ser seguidor de Jesús en todos Sus caminos. Aquellos que, como Judas, están poseídos por la mente adversa deben recibir el mismo servicio humilde, la misma lección que se le da a personas que son sinceras y fieles.

> 18»No hablo de todos vosotros; yo sé a quienes he elegido. Pero debe cumplirse la Escritura: "El que come pan conmigo alzó el pie contra mí". 19Desde ahora os lo digo antes que suceda, para que cuando suceda creáis que yo soy. 20De cierto, de cierto os digo: El que reciba al que yo envíe, me recibe a mí; y el que me recibe a mí, recibe al que me envió.
>
> 21Habiendo dicho Jesús esto, se conmovió en espíritu y declaró: —De cierto, de cierto os digo que uno de vosotros me va a entregar. 22Entonces los discípulos se miraron unos a otros, dudando de quién

hablaba. [23]Y uno de sus discípulos, al cual Jesús amaba, estaba recostado al lado de Jesús. [24]A este, pues, hizo señas Simón Pedro para que preguntara quién era aquel de quien hablaba. [25]Él entonces, recostándose sobre el pecho de Jesús, le preguntó: —Señor, ¿quién es? [26]Respondió Jesús:—A quien yo le dé el pan mojado, ese es. Y, mojando el pan, lo dio a Judas Iscariote hijo de Simón. [27]Y después del bocado, Satanás entró en él. Entonces Jesús le dijo: —Lo que vas a hacer, hazlo pronto. [28]Pero ninguno de los que estaban a la mesa entendió por qué le dijo esto. [29]Algunos pensaban, puesto que Judas tenía la bolsa, que Jesús le decía: «Compra lo que necesitamos para la fiesta»; o que diera algo a los pobres. [30]Cuando él tomó el bocado, salió en seguida. Era ya de noche.

El Cristo simbolizado por Jesús es eternamente el YO SOY, aunque los discípulos no lo puedan comprender plenamente. La facultad representada por Judas, la suma de las fuerzas no redimidas de la vida, está destinada a traicionar hasta que esté espiritualizada. Jesús (el Cristo) sabía que esta condición no redimida estaba destinada a causar una tragedia. La vida física representada por Judas puede ser ambiciosa, egoísta, orgullosa, tirana, pero no podemos vivir sin ella. Lo falso debe ser vencido. Cuando la fe y el amor hacen preguntas, el camino a la iluminación y a la revelación se abre.

[31]Entonces, cuando salió, dijo Jesús: —Ahora es glorificado el Hijo del hombre, y Dios es glorificado en él. [32]Si Dios es glorificado en él, Dios también lo glorificará en sí mismo, y en seguida lo glorificará. [33]Hijitos, aún estaré con vosotros un poco. Me buscaréis, pero, como dije a los judíos, así os digo ahora a vosotros: A donde yo voy, vosotros no podéis ir. [34]Un mandamiento nuevo os doy: Que os améis unos a otros; como yo os he amado, que también os améis unos a otros. [35]En esto conocerán todos que sois mis discípulos, si tenéis amor los unos por los otros.

Cuando un alma logra una unión completa con la mente divina, el Espíritu Santo se derrama sobre ella. Ésta es la glorificación verdadera, el reconocimiento por parte del Padre de que el Hijo está elevado verdaderamente (glorificado).

Jesús, en este punto, estaba en un estado alto de conciencia espiritual; de hecho, Él había logrado una unión completa con el Padre. Jesús estaba consciente de que aún Sus apóstoles no habían logrado Su gloria. Mientras tanto, el amor es el gran armonizador, y finalmente el amor es el cumplimiento de la ley.

> 36Le dijo Simón Pedro: —Señor, ¿a dónde vas?Jesús le respondió: —A donde voy, no me puedes seguir ahora, pero me seguirás después. 37Le dijo Pedro: —Señor, ¿por qué no te puedo seguir ahora? ¡Mi vida daré por ti! 38Jesús le respondió: —¿Tu vida darás por mí? De cierto, de cierto te digo: No cantará el gallo sin que me hayas negado tres veces.

Cuando Jesús dijo que se iba, Pedro le dijo que quería ir con Él, dijo que daría su vida por Jesús. Pero la comprensión del Maestro en el estado de conciencia representado por Pedro Le dio por anticipado el conocimiento de lo que iba a suceder. Jesús advirtió a Pedro de su falla futura, y Él estaba preparado para la confusión y la dispersión de Sus discípulos. Jesús sabía que a la larga, Pedro recapacitaría y expresaría la fe crística, y que Su grupo de seguidores conservaría el cristianismo para la posteridad, pero primero debían estar tan desarrollados espiritualmente como Él lo estaba.

Juan: Capítulo 14

1No se turbe vuestro corazón; creéis en Dios,
creed también en mí. 2En la casa de mi Padre muchas
moradas hay; si así no fuera, yo os lo hubiera dicho; voy,
pues, a preparar lugar para vosotros. 3Y si me voy y os
preparo lugar, vendré otra vez y os tomaré a mí mismo,
para que donde yo esté, vosotros también estéis.

Creemos en Dios. La secuencia lógica es que creemos también en la manifestación de Dios, el hombre ideal. Esta proposición, una vez aceptada, imparte luz a la comprensión de la relación íntima existente entre el Padre y el Hijo. El Padre, Dios, "Espíritu", está en el Hijo como principio vivificante. Reconocer plenamente este Espíritu morador, tal y como lo hizo Jesucristo, hace de la persona la figura central y el poder regidor del universo manifestado. "El reino de Dios está entre vosotros."

"Muchas moradas" significa muchos lugares donde permanecer. Jesús quiso decir que Él estaba haciendo un lugar donde permanecer para quienes creyeran en Sus enseñanzas y Lo aceptaran por lo que era verdaderamente, Dios manifestado. La idea que se tiene generalmente es que Jesús estaba precediendo a Sus discípulos al cielo, donde los esperaría y les daría la bienvenida. Pero en el texto no existe tal significado. La morada permanente a la cual Jesús invita a Sus amigos es "preparada" por Él. Él hace el lugar, en realidad, Él es el lugar. "Para que donde yo esté, vosotros también estéis:

4Y sabéis a dónde voy, y sabéis el camino. Le
dijo 5Tomás: —Señor, no sabemos a dónde vas; ¿cómo,
pues, podemos saber el camino? 6Jesús le dijo: —Yo soy
el camino, la verdad y la vida; nadie viene al Padre sino
por mí. 7Si me conocierais, también a mi Padre conoce-
ríais; y desde ahora lo conocéis y lo habéis visto. 8Felipe

> le dijo: —Señor, muéstranos el Padre y nos basta. [9]Jesús le dijo: —¿Tanto tiempo hace que estoy con vosotros y no me has conocido, Felipe? El que me ha visto a mí ha visto al Padre; ¿cómo, pues, dices tú: "Muéstranos el Padre"? [10]¿No crees que yo soy en el Padre y el Padre en mí? Las palabras que yo os hablo, no las hablo por mi propia cuenta, sino que el Padre, que vive en mí, él hace las obras. [11]Creedme que yo soy en el Padre, y el Padre en mí; de otra manera, creedme por las mismas obras.

"Y sabéis a dónde voy, y sabéis el camino." El hombre intelectual, Tomás, proclamando ignorancia, dice que no conoce ni el camino ni el lugar. Entonces Jesús revela la Verdad espiritual a la cual ha estado dirigiendo gradualmente sus mentes, diciendo: "Yo soy el camino, la verdad y la vida; nadie viene al Padre sino por mí". Una comprensión de la naturaleza espiritual del ser humano revela su unidad con el principio omnipresente de la vida, el Padre. Jesús el Cristo es el Padre, y el Padre está en el ser humano. Quienquiera que vea la espiritualidad del ser humano en sí mismo o en los demás ve al Padre. El principio del Padre puede estar tan desarrollado en el ser humano que lo llevará inequívocamente en todos sus caminos, y el Padre puede hasta decir palabras por medio de su boca. Cuando se alcanza este punto, la duda en cuanto la unidad del ser humano con el principio del Padre es eliminada totalmente, la manifestación de la sabiduría y poder en él prueban que hay un principio más elevado obrando por medio de él. "Creedme por las mismas obras."

Pero Felipe (el poder de la palabra) dice: "Señor, muéstranos el Padre." Esta facultad debe ser elevada a la comprensión de la omnipresencia del Espíritu reconociendo que la palabra del YO SOY dicha por medio de él no proviene de lo mortal sino de Dios. "Las palabras que yo os hablo, no las hablo por mi propia cuenta, sino que el Padre, que vive en mí, él hace las obras."

[12]De cierto, de cierto os digo: El que en mí cree,
las obras que yo hago, él también las hará; y aun mayo-
res hará, porque yo voy al Padre. [13]Todo lo que pidáis
al Padre en mi nombre, lo haré, para que el Padre sea
glorificado en el Hijo. [14]Si algo pedís en mi nombre, yo
lo haré.

"Todo lo que pidáis al Padre en mi nombre, lo haré." Aquí no hay límite. "Todo", es todo. Entonces, ¿por qué no recibimos siempre cuando pedimos en Su nombre? Porque no hemos demostrado el poder de Su nombre. El nombre significa el hombre espiritual, y este nombre o signo de Dios en nosotros es quien recompensa nuestra fe. Si tuviéramos un cheque firmado por un millonario conocido no dudaríamos en cobrarlo en el banco. Debemos tener la misma confianza en el poder dador de vida y productor de éxito del Cristo resucitado. Cuando nos dirigimos a la sustancia espiritual magna e invisible a nuestro alrededor y pensamos de nosotros como su expresión, esperando con confianza a que se manifieste por medio de nosotros, así lo hará. Si no tenemos éxito en el primer intento, continuemos tratando hasta que lo logremos; porque la promesa puede probarse, "Todo lo que pidáis al Padre en mi nombre, lo haré."

[15]Si me amáis, guardad mis mandamientos. [16]Y
yo rogaré al Padre y os dará otro Consolador, para que
esté con vosotros para siempre: [17]el Espíritu de verdad,
al cual el mundo no puede recibir, porque no lo ve ni
lo conoce; pero vosotros lo conocéis, porque vive con
vosotros y estará en vosotros. [18]No os dejaré huérfa-
nos; volveré a vosotros. [19]Todavía un poco, y el mundo
no me verá más, pero vosotros me veréis; porque yo
vivo, vosotros también viviréis. [20]En aquel día vosotros
conoceréis que yo estoy en mi Padre, y vosotros en mí
y yo en vosotros. [21]El que tiene mis mandamientos y
los guarda, ese es el que me ama; y el que me ama será
amado por mi Padre, y yo lo amaré y me manifestaré

a él. [22]Le dijo Judas (no el Iscariote): —Señor, ¿cómo
es que te manifestarás a nosotros y no al mundo?
[23]Respondió Jesús y le dijo: —El que me ama, mi pala-
bra guardará; y mi Padre lo amará, y vendremos a él y
haremos morada con él. [24]El que no me ama no guarda
mis palabras; y la palabra que habéis oído no es mía,
sino del Padre que me envió.

En esta escritura Jesús, representando al YO SOY, da la seguridad de cooperación divina a quines son leales a la Verdad en pensamiento y palabra. Ahora conoces la relación que tienes con el Padre. Espiritualmente son uno, mas sostener esta relación espiritual hasta que se manifieste plenamente en tu cuerpo y medio ambiente requiere atención. El aspecto concreto de la Verdad, representado por la personalidad de Jesús debe eliminarse antes de que comprendas la Verdad en su sentido abstracto o universal. Entonces, al apartar tu atención de la letra o personalidad y centrarla en la Verdad de su esencia espiritual, encuentras que hay un lado inteligible para lo que parece vago e indefinido. El Consolador, el Abogado, el Espíritu de la verdad es omnipresente tal como la sabiduría y el poder divinos, los cuales tienen contacto activo con nuestra conciencia por medio de nuestra fe en Él. En "el mundo" —en el lado de los fenómenos— no podemos conocer este guía y colaborador. Habiendo aprendido la verdad acerca de la omnipresencia del Espíritu, gracias a la abundancia de vida, amor, Verdad e inteligencia por medio de las cuales se hace manifiesta, de una vez comenzamos a darnos cuenta de que el Todopoderoso mora con nosotros y, como dijo Jesús: "estará en vosotros."

La ida del YO SOY era aparente sólo para la conciencia de los sentidos —"el mundo no me verá más"— mas el ámbito más amplio de la conciencia reconoce una expansión del sentido de identidad y vida divinas. "Porque yo vivo, vosotros también viviréis." Con esta expansión del sentido de nuestra identidad divina viene una percepción de nuestra unidad con el Padre, y la identidad absoluta de nuestro "yo" limitado por los sentidos con el YO SOY universal, el Cristo. "En aquel día vosotros conoceréis que yo estoy en mi Padre, y vosotros en mí y yo en vosotros."

La pregunta hecha frecuentemente es ¿no es presuntuoso de parte nuestra, quienes al principio no tenemos comprensión de nuestra verdad, hacer las declaraciones que Jesús hizo? No, no es; porque en Espíritu todos somos lo que Él proclamó para Él mismo, y sólo afirmando esta verdad podemos hacerla manifiesta. Todos los que experimentan con las palabras encuentran que ellas generan fuerza en la mente y, a la larga, afectan el cuerpo. Jesús urgió a Sus discípulos a que creyeran el Él, a que guardaran Sus mandamientos, Sus dichos, Sus palabras, y que fueran e hicieran obras maravillosas en "el nombre de... Jesucristo".

En esta escritura Jesús dice que quienes guardan Sus mandamientos demuestran su amor por Él y que Él los amará y se les manifestará. Comprendiendo el impacto que los pensamientos similares tienen unos con otros, percibimos por qué las frases "mi palabra" y creyendo "en mí" fueron tan urgidas por Jesús. Él trascendió a los seres humanos en Sus afirmaciones, y Sus obras correspondieron a ellas. Al tener presente la ley: que los pensamientos y las palabras afines buscan rápidamente su unidad, Él se aprovechó de esta ley para elevarnos a todos a Su nivel.

Pero debemos salir del "mundo" o la letra antes de que podamos tocar esta potencia espiritual. Judas preguntó por qué Jesús se manifestaría a ellos y no al mundo. La respuesta de Jesús coincide con la ley mental de que palabras dichas harán contacto con quienes han dicho palabras semejantes: "El que me ama, mi palabra guardará; y mi Padre lo amará, y vendremos a él y haremos morada con él. El que no me ama no guarda mis palabras; y la palabra que habéis oído no es mía, sino del Padre que me envió."

> 25Os he dicho estas cosas estando con vosotros.
> 26Pero el Consolador, el Espíritu Santo, a quien el Padre enviará en mi nombre, él os enseñará todas las cosas y os recordará todo lo que yo os he dicho. 27La paz os

dejo, mi paz os doy; yo no os la doy como el mundo la da. No se turbe vuestro corazón ni tenga miedo.
28Habéis oído que yo os he dicho: "Voy, y vuelvo a vosotros". Si me amarais, os habríais regocijado, porque he dicho que voy al Padre, porque el Padre mayor es
que yo. 29Y ahora os lo he dicho antes que suceda, para
que, cuando suceda, creáis. 30No hablaré ya mucho con vosotros, porque viene el príncipe de este mundo y él
nada tiene en mí. 31Pero para que el mundo conozca que amo al Padre, y como el Padre me mandó, así hago. ¡Levantaos, vámonos de aquí!

El Padre es principio. El Hijo es este Padre principio revelado en un plan creativo. El Espíritu Santo es el poder ejecutivo tanto del Padre como del Hijo.

El Espíritu Santo no es todo el Ser, ni la plenitud de Cristo, sino una emanación o "aliento" enviado a hacer un trabajo divino. Tal y como está circunscrito aquí, el Espíritu Santo, en cierto sentido, puede decirse que toma las características de la personalidad, pero la personalidad que por capacidad trasciende todo concepto humano.

El Espíritu Santo existía antes del tiempo de Jesús. Sin embargo, la vida de Jesús y su demostración le dio nuevo ímpetu. El Espíritu Santo o Espíritu de verdad es la única guía segura que tiene el ser humano en su camino espiritual. Cuando el Espíritu Santo vierte Su poder, éste siempre trae una paz y una fe infinita en el Padre por medio del Hijo. (Ver Juan 15: 17-27 para más interpretación.)

Juan: Capítulo 15

1Yo soy la vid verdadera y mi Padre es el labra-
dor. 2Todo pámpano que en mí no lleva fruto, lo qui-
tará; y todo aquel que lleva fruto, lo limpiará, para que
lleve más fruto.

Metafísicamente, el Padre es la mente divina; Jesús es la encarnación individual de esa Mente, aquí llamada la vid verdadera. "Todo pámpano en mí" significa las facultades de la mente y el "fruto" es el pensamiento.

La ley es que una facultad no utilizada se atrofia y se seca. Esto es cierto para todo lo que existe. La inercia y la falta de uso producen el estancamiento, la corrupción, la muerte y la desintegración. Hemos aceptado esto tan universalmente como un hecho de la naturaleza, que su carácter original como una fuerza inteligente se ha descuidado. Toda la enseñanza de las Escrituras es que el no utilizar un talento o facultad trae consigo una reprimenda del Padre-Mente. Al sirviente demasiado cuidadoso quien enterró su talento, se lo quitaron y se lo dieron al que lo había aumentado al máximo. Esto también ha sido observado en su aspecto negativo. Una facultad utilizada demasiado adquiere su vitalidad de las otras y, a la larga, las agota seriamente, a menos que estén utilizadas equilibradamente. Ésta es una ley de nuestro ser, y debemos pensar de ella como un principio inteligente, en vez de una fuerza ciega, como lo hacemos generalmente.

3Ya vosotros estáis limpios por la palabra que os
he hablado. 4Permaneced en mí, y yo en vosotros. Como
el pámpano no puede llevar fruto por sí mismo, si no
permanece en la vid, así tampoco vosotros, si no perma-
necéis en mí. 5Yo soy la vid, vosotros los pámpanos; el
que permanece en mí y yo en él, este lleva mucho fruto,
porque separados de mí nada podéis hacer. 6El que en

> mí no permanece, será echado fuera como pámpano, y
> se secará; y los recogen, los echan en el fuego y arden.
> [7]Si permanecéis en mí y mis palabras permanecen en
> vosotros, pedid todo lo que queráis y os será hecho. [8]En
> esto es glorificado mi Padre: en que llevéis mucho fruto
> y seáis así mis discípulos. [9]Como el Padre me ha amado,
> así también yo os he amado; permaneced en mi amor.
> [10]Si guardáis mis mandamientos, permaneceréis en mi
> amor; así como yo he guardado los mandamientos de
> mi Padre y permanezco en su amor. [11]Estas cosas os he
> hablado para que mi gozo esté en vosotros, y vuestro
> gozo sea completo. [12]Este es mi mandamiento: Que os
> améis unos a otros, como yo os he amado.

El alma en contacto consciente con el Padre-Mente y esforzándose por cumplir la ley divina trae el poder de las palabras verdaderas para la purificación y limpieza de sus facultades. "Vosotros estáis limpios por la palabra que os he hablado." La necesidad de morar en el YO SOY para poder dar mucho fruto es afirmada. Cuando nuestra fe se aferra a las cosas externas, en vez de al YO SOY espiritual, cesa de adquirir vitalidad de la única fuente de toda vida, el Principio divino. La única puerta a esta vida es el YO SOY. Esta morada es centrar conscientemente la mente en las profundidades internas en nosotros repitiendo afirmaciones con fe y confianza. Esta repetición diaria de afirmaciones, a la larga, abre un canal de comunicación inteligente con las fuerzas silenciosas de las profundidades del Ser. Entonces, los pensamientos y las palabras fluyen de allí y una nueva fuente de poder se desarrolla en el ser humano.

Cuando el pensamiento o "palabra" de Verdad del YO SOY supremo o conciencia se convierte en un hecho morador en nuestra mente, ya no necesitamos esforzarnos de maneras externas; no tenemos sino que expresar un deseo profundo en el alma y éste es satisfecho. "Todo cuanto pidáis al Padre en mi nombre, os lo dará."

Esta afirmación constante, con fe en el YO SOY en nosotros, nos establece cada vez más en control de las verdaderas fuerzas del Ser. Morar en el Espíritu abre los diferentes poderes espirituales, uno tras otro. El amor es una gran fuerza que disuelve todos los opositores del pensamiento verdadero y elimina todos los obstáculos de la vida. Esto conduce al gozo, otra fuerza positiva que no ha estado dando fruto porque las obstrucciones se amontonaron por no haber cumplido con la ley de Todo bien. Este reino maravilloso en el alma es desarrollado guardando los "mandamientos"; eso es, el comandar, controlar y dirigir cada pensamiento según la ley armoniosa del amor hacia los demás. No hay misterio oculto con respecto a este desarrollo de las fuerzas del alma; es simplemente pensar y actuar en términos de la ley del amor en nuestra interacción con nuestros semejantes.

> [13]Nadie tiene mayor amor que este, que uno ponga su vida por sus amigos. [14]Vosotros sois mis amigos si hacéis lo que yo os mando. [15]Ya no os llamaré siervos, porque el siervo no sabe lo que hace su señor; pero os he llamado amigos, porque todas las cosas que oí de mi Padre os las he dado a conocer. [16]No me elegisteis vosotros a mí, sino que yo os elegí a vosotros y os he puesto para que vayáis y llevéis fruto, y vuestro fruto permanezca; para que todo lo que pidáis al Padre en mi nombre, él os lo dé.

En esta escritura observamos a Jesús reconociendo que Sus apóstoles habían hecho grandes progresos y estaban funcionando en el plano espiritual. Por eso, Él ya no los consideraba del mundo, sino que sabía definitivamente que de aquí en adelante iban a hacer las obra de Aquél quien los mandó. Como compañeros de trabajo de Él, Jesús los llamó "amigos". En todo Su ministerio Jesús enseñó libertad de lo individual. No somos "sirvientes" sino agentes libres para hacer según nuestra voluntad.

[17]Esto os mando: Que os améis unos a otros.
[18]Si el mundo os odia, sabed que a mí me ha odiado
antes que a vosotros. [19]Si fuerais del mundo, el mundo
amaría lo suyo; pero porque no sois del mundo, antes
yo os elegí del mundo, por eso el mundo os odia.
[20]Acordaos de la palabra que yo os he dicho: "El siervo
no es mayor que su señor". Si a mí me han perseguido,
también a vosotros os perseguirán; si han guardado mi
palabra, también guardarán la vuestra. [21]Pero todo esto
os harán por causa de mi nombre, porque no conocen
al que me ha enviado. [22]Si yo no hubiera venido, ni
les hubiera hablado, no tendrían pecado; pero ahora
no tienen excusa por su pecado. [23]El que me odia a
mí, también a mi Padre odia. [24]Si yo no hubiera hecho
entre ellos obras que ningún otro ha hecho, no tendrían
pecado; pero ahora han visto, y me han odiado a mí y a
mi Padre. [25]Pero esto es para que se cumpla la palabra
que está escrita en su Ley: "Sin causa me odian". [26]Pero
cuando venga el Consolador, a quien yo os enviaré del
Padre, el Espíritu de verdad, el cual procede del Padre,
él dará testimonio acerca de mí. [27]Y vosotros daréis tes-
timonio también, porque habéis estado conmigo desde
el principio.

El Consolador o Espíritu Santo es la ley de Dios en acción, y cuando se piensa de esta manera parece tener personalidad. De esta verdad los hebreos obtuvieron su concepto del Dios personal, tribal.

Las funciones adscritas al Sagrado Consolador, Espíritu Santo o Espíritu de verdad implican subsistencia personal distinta. Se dice que habla, busca, selecciona, revela, reprueba, testifica, guía, consuela, distribuye a cada ser humano, conoce las cosas profundas de Dios, y puede ser conocido por el ser humano solamente por medio de su naturaleza espiritual.

(Ver Juan 14:25-31 para más interpretación.)

Juan: Capítulo 16

[1]Estas cosas os he hablado para que no tengáis
tropiezo. [2]Os expulsarán de las sinagogas, y aun viene
la hora cuando cualquiera que os mate pensará que
rinde servicio a Dios. [3]Y harán esto porque no conocen
al Padre ni a mí. [4]Pero os he dicho estas cosas para
que, cuando llegue la hora, os acordéis de que ya os lo
había dicho. Esto no os lo dije al principio, porque yo
estaba con vosotros. [5]Pero ahora voy al que me envió,
y ninguno de vosotros me pregunta: "¿A dónde vas?"
[6]Antes, porque os he dicho estas cosas, tristeza ha lle-
nado vuestro corazón.

Así como Jesús sabía que era perseguido y sería perseguido, también sabía que Sus seguidores serían perseguidos. Los ignorantes persiguen a quienes no entienden ni respetan.

El estado farisaico o mundano de la mente no tiene concepto del plano interno más elevado, sino que piensa que gobierna a todo el ser humano y siente celos de cualquier intento de usurpar su poder. De aquí surge la persecución.

Mientras Jesús sabía que Sus apóstoles no comprendían plenamente todo lo que Él decía, los animaba a continuar en su fortaleza espiritual y a caminar por la senda que tenían ante ellos.

[7]Pero yo os digo la verdad: Os conviene que yo
me vaya, porque si no me voy, el Consolador no vendrá
a vosotros; pero si me voy, os lo enviaré. [8]Y cuando él
venga, convencerá al mundo de pecado, de justicia y
de juicio. [9]De pecado, por cuanto no creen en mí; [10]de
justicia, por cuanto voy al Padre y no me veréis más; [11]y
de juicio, por cuanto el príncipe de este mundo ha sido
ya juzgado. [12]Aún tengo muchas cosas que deciros, pero

ahora no las podéis sobrellevar. [13]Pero cuando venga el Espíritu de verdad, él os guiará a toda la verdad, porque no hablará por su propia cuenta, sino que hablará todo lo que oiga y os hará saber las cosas que habrán de venir.

Jesús sabía que los apóstoles tenían que hacer sus propias demostraciones. Por eso, Él los guió hacia el Espíritu Santo, que es la ley de Dios en acción y el único maestro supremo. A la larga, este Espíritu nos lleva a la verdad. "Ni una jota ni una tilde pasará de la Ley." La justicia y la rectitud deben cumplirse. El Espíritu Santo es el Consolador o el amor de Dios en acción, el cual, como una madre, guía, ayuda y perdona a todos los que la buscan.

[14]Él me glorificará, porque tomará de lo mío y os lo hará saber. [15]Todo lo que tiene el Padre es mío; por eso dije que tomará de lo mío y os lo hará saber.

El Espíritu Santo es el dispensador de la sustancia divina y todas las demostraciones de prosperidad son hechas por medio de Él. El óbolo de la viuda era más que el regalo del rico porque la viuda lo había bendecido y era todo lo que tenía. No es el tamaño del objeto sino la bendición detrás de él lo que cuenta. Como los niños bendecidos por Jesús, el óbolo, siendo bendecido, aumenta poderosamente.

[16]Todavía un poco y no me veréis, y de nuevo un poco y me veréis, porque yo voy al Padre. [17]Entonces algunos de sus discípulos se decían entre sí: —¿Qué es esto que nos dice: "Todavía un poco y no me veréis, y de nuevo un poco y me veréis"; y "porque yo voy al Padre"? [18]Decían, pues: —¿Qué quiere decir con: "Todavía un poco"? No entendemos lo que dice. [19]Jesús comprendió que querían preguntarle, y les dijo: —¿Preguntáis entre vosotros acerca de esto que dije: "Todavía un poco y no

me veréis, y de nuevo un poco y me veréis"? [20]De cierto, de cierto os digo que vosotros lloraréis y lamentaréis, y en cambio el mundo se alegrará; pero aunque vosotros estéis tristes, vuestra tristeza se convertirá en gozo. [21]La mujer cuando da a luz tiene dolor, porque ha llegado su hora; pero después que ha dado a luz a un niño, ya no se acuerda de la angustia, por el gozo de que haya nacido un hombre en el mundo. [22]También vosotros ahora tenéis tristeza, pero os volveré a ver y se gozará vuestro corazón, y nadie os quitará vuestro gozo.

El Cristo siempre va al lugar secreto para poder obtener mayor fortaleza e iluminación y, cuando las logra, sale y da de lo que ha recibido del Padre. Nuestros pensamientos sienten miedo y no comprenden, y cada vez que el Cristo se retira para recibir inspiración nueva por parte de Dios, se entristecen; pero cuando Él sale y demuestra, su tristeza se vuelve gozo. A la final vendrán a la luz de la Verdad y comprenderán que el Cristo morador demuestra cuando va al silencio para renovar Su fortaleza. Esto también es cierto para lo individual que trata de "vestirse de Cristo".

La percepción espiritual nos revela que no somos personas sino ideas en la Mente cósmica.

Jesús sabía que la hora de Su crucifixión se acercaba. La crucifixión significa la entrega de toda la personalidad. Ésta era la demostración que el Maestro enfrentaba. Sin embargo, Él conocía Su poder espiritual, y estaba muy consciente de que resucitaría de entre los muertos, estaría de nuevo con Sus discípulos y podría, más que nunca, instruirlos en los misterios del Ser. "Os volveré a ver."

[23]En aquel día no me preguntaréis nada. De cierto, de cierto os digo que todo cuanto pidáis al Padre en mi nombre, os lo dará. [24]Hasta ahora nada habéis pedido en mi nombre; pedid, y recibiréis, para que vuestro gozo sea completo. [25]Estas cosas os he hablado

en alegorías; la hora viene cuando ya no os hablaré en alegorías, sino que claramente os anunciaré acerca del Padre. [26]En aquel día pediréis en mi nombre, y no os digo que yo rogaré al Padre por vosotros, [27]pues el Padre mismo os ama, porque vosotros me habéis amado y habéis creído que yo salí de Dios. [28]Salí del Padre y he venido al mundo; otra vez dejo el mundo y regreso al Padre. [29]Le dijeron sus discípulos: —Ahora hablas claramente y ninguna alegoría dices. [30]Ahora entendemos que sabes todas las cosas y no necesitas que nadie te pregunte; por esto creemos que has salido de Dios. [31]Jesús les respondió: —¿Ahora creéis? [32]La hora viene, y ha venido ya, en que seréis esparcidos cada uno por su lado y me dejaréis solo; pero no estoy solo, porque el Padre está conmigo. [33]Estas cosas os he hablado para que en mí tengáis paz. En el mundo tendréis aflicción, pero confiad, yo he vencido al mundo.

"En aquel día no me preguntaréis nada" significa que los apóstoles se habrían desarrollado espiritualmente al punto donde comprenderían las leyes del Espíritu y podrían interpretar la ley por sí mismos.

Las "alegorías" se refieren a la conciencia oscurecida que no puede ver la luz verdadera. Pero esta escritura indica que "la noche está avanzada y se acerca el día". Los apóstoles están alcanzando una gran iluminación y podrán ir directamente al Padre por luz, guía y poder. Hasta aquí los apóstoles han sido estudiantes. Ahora van a tener una nueva conciencia por medio de la cual tendrán acceso a la fuente universal y podrán recibir de ella. Ellos se van a dar cuenta de que la Omniciencia conoce todas las cosas, y sólo tienen que unificar su conciencia con la de la Omnipresencia para entrar al estado donde la luz verdadera guía a la comprensión perfecta.

(Ver Juan 14:12-14 para más interpretación.)

Juan: Capítulo 17

[1]Estas cosas habló Jesús, y levantando los ojos
al cielo, dijo: —Padre, la hora ha llegado: glorifica a tu
Hijo, para que también tu Hijo te glorifique a ti, [2]pues
le has dado potestad sobre toda carne para que dé vida
eterna a todos los que le diste. [3]Y esta es la vida eterna:
que te conozcan a ti, el único Dios verdadero, y a Jesu-
cristo, a quien has enviado.

En esta escritura Jesús pedía al Padre como nunca antes. Glorificar significa magnificar con alabanza, aumentar con esplendor espiritual, adornar. Jesús pedía una unificación completa de Su conciencia con la del Padre. Jesús se dio cuenta de que se Le había dado toda la autoridad sobre la carne. Mantenía esta comprensión no sólo para Su propia glorificación sino también para la de Sus discípulos. Jesús se dio cuenta de que en esta unión se revelarían una comprensión plena de Dios y de Sus leyes, lo cual Le aclararía el camino a la vida eterna.

[4]Yo te he glorificado en la tierra; he acabado
la obra que me diste que hiciera. [5]Ahora pues, Padre,
glorifícame tú al lado tuyo, con aquella gloria que tuve
contigo antes que el mundo existiera. [6]He manifestado
tu nombre a los hombres que del mundo me diste;
tuyos eran, y me los diste, y han guardado tu pala-
bra. [7]Ahora han conocido que todas las cosas que me
has dado proceden de ti, [8]porque las palabras que me
diste les he dado; y ellos las recibieron y han conocido
verdaderamente que salí de ti, y han creído que tú me
enviaste. [9]Yo ruego por ellos; no ruego por el mundo,
sino por los que me diste, porque tuyos son, [10]y todo
lo mío es tuyo y lo tuyo mío; y he sido glorificado en
ellos. [11]Ya no estoy en el mundo; pero estos están en
el mundo, y yo voy a ti. Padre santo, a los que me has

> dado, guárdalos en tu nombre, para que sean uno, así como nosotros. [12]Cuando estaba con ellos en el mundo, yo los guardaba en tu nombre; a los que me diste, yo los guardé y ninguno de ellos se perdió, sino el hijo de perdición, para que la Escritura se cumpliera. [13]Pero ahora vuelvo a ti, y hablo esto en el mundo para que tengan mi gozo completo en sí mismos. [14]Yo les he dado tu palabra, y el mundo los odió porque no son del mundo, como tampoco yo soy del mundo. [15]No ruego que los quites del mundo, sino que los guardes del mal. [16]No son del mundo, como tampoco yo soy del mundo. [17]Santifícalos en tu verdad: tu palabra es verdad. [18]Como tú me enviaste al mundo, así yo los he enviado al mundo. [19]Por ellos yo me santifico a mí mismo, para que también ellos sean santificados en la verdad. [20]Pero no ruego solamente por estos, sino también por los que han de creer en mí por la palabra de ellos, [21]para que todos sean uno; como tú, Padre, en mí y yo en ti, que también ellos sean uno en nosotros, para que el mundo crea que tú me enviaste. [22]Yo les he dado la gloria que me diste, para que sean uno, así como nosotros somos uno. [23]Yo en ellos y tú en mí, para que sean perfectos en unidad, para que el mundo conozca que tú me enviaste, y que los has amado a ellos como también a mí me has amado. [24]Padre, aquellos que me has dado, quiero que donde yo esté, también ellos estén conmigo, para que vean mi gloria que me has dado, pues me has amado desde antes de la fundación del mundo. [25]Padre justo, el mundo no te ha conocido, pero yo te he conocido, y estos han conocido que tú me enviaste. [26]Les he dado a conocer tu nombre y lo daré a conocer aún, para que el amor con que me has amado esté en ellos y yo en ellos.

Jesús debe haber sido el producto de un ciclo antiguo de tiempo, y previamente había hecho la unión perfecta en lo invisible con el Padre.

A medida que la gente comprenda y tenga fe en Jesús

como su Salvador verdadero del pecado y se liberen de los apetitos, las pasiones, los celos, los prejuicios y de todo egoísmo, en esa misma medida lograrán la perfección de mente y cuerpo. El resultado último de este conocimiento y de la práctica diaria en vencer (como Jesús venció) será una nueva raza que demostrará la vida eterna, la elevación del ser humano completo —espíritu, alma y cuerpo— en la conciencia crística de unidad con el Padre. Ésta en la verdadera glorificación y la redención que Jesús reestableció entre Dios y el ser humano para que podamos recobrar nuestro estado original como hijos de Dios aquí en la tierra.

Entender esta glorificación requiere una comprensión más profunda del proceso creativo del que el ser humano ha logrado, no porque no tenga la habilidad de comprender, sino porque ha sumergido sus poderes de pensamiento en un estrato más denso. Así que solamente quienes estudian el Ser desde el punto de vista de la mente pura pueden comprender la transfiguración y el papel que Jesús desempeñó de abrir el camino para que el ser humano entre en la gloria que era suya antes de que el mundo fuera formado.

En su forma más elevada, la oración es un estado de conciencia exaltado en el cual los intereses propios se pierden en el deseo del bien común. Jesús siempre oró sin egoísmo. Hay tantas maneras de orar como hay personas en el universo. Quienes oran por un bien personal no tienen concepto del éxtasis de aquéllos que se olvidan de su propio ser en sus súplicas, y oran por el bien de otros. Sin embargo, toda clase de oración es cumplida. "Y todo lo que pidáis en oración, creyendo, lo recibiréis."

Quienes pasan mucho tiempo en el Espíritu llegan a enamorarse tanto de Él que les es difícil soportar el egoísmo del mundo, el cual están tentados a abandonar completamente. Los místicos y adeptos espirituales se retiran a las cuevas en el desierto, tan lejos de las obsesiones humanas como puedan, debido al mal que ven y sienten de manera tan vívida. Entonces, mantener el ser en el mundo se convierte en una gran lucha. No es correcto para alguien que ha encontrado la Verdad divina en sí retirarse de quienes están ignorantes de ella y disfrutar de sus riquezas solo. No debemos pensar en salir del mundo, sino más bien esforzarnos por mantener nuestras facultades lejos del mal.

Cuando hemos encontrado nuestro ser en Dios, ya no nos identificamos con el mundo; nuestro interés está en las cosas espirituales, y todas nuestras oraciones son elevadas. "No son del mundo, como tampoco yo soy del mundo." Gracias a nuestra comprensión del bien eterno y de nuestra unidad con él, nos saturamos tanto con el pensamiento de bien que nos volvemos inmunes al mal. De aquí que encontramos que la doctrina de santificación está basada en la Verdad, y que es posible para nosotros llegar a ser tan buenos en propósito que todo lo que hagamos se volverá bueno. Pero debemos realmente santificarnos en Cristo y enviar persistentemente la palabra de pureza y desinterés a cada facultad para demostrarlo. No debemos confinar nuestra oración para nuestra perfección, sino hacerla también para los que creen en Cristo "por la palabra de ellos".

La comprensión de la unidad divina es lo más elevado que podemos lograr. Ésta es la gloria verdadera, la unión y fusión de todo el ser en la mente divina. "Yo en ellos y tú en mí, para que sean perfectos en unidad."

Esto lo enseña la filosofía hindú como la absorción del alma en Nirvana, la cual ha sido interpretada erróneamente como la pérdida total de la conciencia individual, en vez de su expansión majestuosa.

Juan: Capítulo 18

[1]Habiendo dicho Jesús estas cosas, salió con sus discípulos al otro lado del torrente de Cedrón, donde había un huerto en el cual entró con sus discípulos. [2]Y también Judas, el que lo entregaba, conocía aquel lugar, porque muchas veces Jesús se había reunido allí con sus discípulos. [3]Judas, pues, tomando una compañía de soldados y guardias de los principales sacerdotes y de los fariseos, fue allí con linternas, antorchas y armas.

El nombre Cedrón significa "torrente turbio". Cedrón representa los pensamientos confusos que algunas veces nos asaltan cuando tratamos de ir al silencio. El "huerto" localiza lo actual en el mundo del pensamiento universal. Pero éste es un asunto pequeño comparado con la actividad del gran ser personal en la conciencia subjetiva, Judas, quien "conocía el lugar" y se aprovechó de la oscuridad para capturar al YO SOY. Él vino con una "compañía" (pensamientos combativos) y "guardias de los principales sacerdotes y de los fariseos" (la idea de la autoridad eclesiástica y la guía religiosa desde el punto de vista de la letra), con "linternas, antorchas y armas." (Luz del intelecto, la antorcha de la razón y la fuerza de las circunstancias).

Judas, quien representa el principio de vida en esta fase de superación, no está redimido completamente de los pensamientos y deseos carnales.

Cuando Jesús fue "al otro lado del torrente de Cedrón," y entró en el huerto de Getsemaní, pasó en conciencia de lo externo a lo interno.

[4]Pero Jesús, sabiendo todas las cosas que le habían de sobrevenir, se adelantó y les preguntó: —¿A quién buscáis? [5]Le respondieron: —A Jesús nazareno.

Jesús les dijo: —Yo soy. Estaba también con ellos Judas,
el que lo entregaba. 6Cuando les dijo: «Yo soy», retro-
cedieron y cayeron a tierra. 7Volvió, pues, a pregun-
tarles: —¿A quién buscáis? Y ellos dijeron: —A Jesús
nazareno. 8Respondió Jesús: —Os he dicho que yo soy.
Si me buscáis a mí, dejad ir a estos. 9Esto dijo para que
se cumpliera aquello que había dicho: «De los que me
diste, no perdí ninguno». 10Entonces Simón Pedro,
que tenía una espada, la desenvainó, hirió al siervo del
Sumo sacerdote y le cortó la oreja derecha. El siervo se
llamaba Malco. 11Jesús entonces dijo a Pedro: —Mete tu
espada en la vaina. La copa que el Padre me ha dado,
¿no la he de beber?

Por el momento, la voluntad personal (la compañía de soldados, el comandante y los guardias de los judíos, los ejecutores de las leyes hechas por el hombre) es vencida aquí. La segunda pregunta proviene de la personalidad y es más sencilla. Jesús se da cuenta de que ha llegado la hora de que Él pruebe que los principios de Dios todopoderoso son invulnerables y deben permanecer. El YO SOY enfrentó la situación sin miedo (Jesús, representando el YO SOY, respondió "yo soy").

Tu fe en la rectitud de tu causa (Pedro) puede llevarte a combatir los pensamientos religiosos reinantes, y en tu impetuosidad puedes resentir su consejo (Malco, consejero) y negar su capacidad de recibir la Verdad (cortó la oreja derecha); pero el buen juicio y la comprensión amplia del vencimiento divino del cual estás consciente hará que adoptes medios pacíficos. "Mete tu espada en la vaina."

"La copa que el Padre me ha dado" es la conciencia de la vida eterna. Ésta debe ser adquirida mediante una crucifixión, "tachar" el ser personal, tanto en su plano objetivo como subjetivo de volición; de aquí que "lo llevaron primeramente ante Anás" para que ese otro proceso de la ley divina pudiera ser llevado a cabo.

12Entonces la compañía de soldados, el comandante y los guardias de los judíos prendieron a Jesús, lo
ataron 13y lo llevaron primeramente ante Anás, porque
era suegro de Caifás, que era sumo sacerdote aquel año.
14Caifás fue quien explicó a los judíos que convenía que
un solo hombre muriera por el pueblo.

"La compañía de soldados, el comandante y los guardias de los judíos" se encuentran en el plano intelectual, y éste es el tribunal ante el cual el Cristo aparece, para ser puesto a prueba y juzgado. Anás fue el factor principal en las persecuciones en la época del ministerio y la crucifixión de Jesús. Anás representa la oposición intelectual a la Verdad espiritual. Su yerno, Caifás, el sumo sacerdote, representa una fuerza de pensamiento religioso regente que también es enteramente intelectual. Él pertenece al mundo religioso de las formas y las ceremonias, la "letra" de la palabra. La rudeza de estos hombres muestra cómo una voluntad religiosa meramente formal perseguirá y tratará de matar al espíritu crístico interno y a todo lo que le concierne.

15Seguían a Jesús Simón Pedro y otro discípulo.
Este discípulo era conocido del Sumo sacerdote, y entró
con Jesús al patio del Sumo sacerdote; 16pero Pedro
estaba fuera, a la puerta. Salió, pues, el discípulo que
era conocido del Sumo sacerdote, y habló a la portera e
hizo entrar a Pedro. 17Entonces la criada portera dijo a
Pedro: —¿No eres tú también de los discípulos de este
hombre? Dijo él: —¡No lo soy! 18Estaban en pie los
siervos y los guardias que habían encendido un fuego,
porque hacía frío y se calentaban. También con ellos
estaba Pedro en pie, calentándose.

Simón Pedro siguió a Jesús y así lo hizo otro apóstol. Simón Pedro (que simboliza la facultad de la fe) y el "otro discípulo" (Juan, que simboliza la facultad del amor) siempre sostienen y apoyan al hombre YO SOY en toda tribulación.

[19]El Sumo sacerdote preguntó a Jesús acerca de
sus discípulos y de su doctrina. [20]Jesús le respondió:
—Yo públicamente he hablado al mundo. Siempre
he enseñado en la sinagoga y en el Templo, donde se
reúnen todos los judíos, y nada he hablado en oculto.
[21]¿Por qué me preguntas a mí? Pregunta, a los que han
oído, de qué les he hablado; ellos saben lo que yo he
dicho. [22]Cuando Jesús dijo esto, uno de los guardias
que estaba allí le dio una bofetada, diciendo: —¿Así res-
pondes al Sumo sacerdote? [23]Jesús le respondió: —Si he
hablado mal, testifica en qué está el mal; pero si bien,
¿por qué me golpeas? [24]Anás entonces lo envió atado a
Caifás, el sumo sacerdote.

[25]Estaba, pues, Pedro en pie, calentándose, y le
preguntaron: —¿No eres tú de sus discípulos? Él negó y
dijo: —¡No lo soy! [26]Uno de los siervos del Sumo sacer-
dote, pariente de aquel a quien Pedro había cortado la
oreja, le dijo: —¿No te vi yo en el huerto con él? [27]Negó
Pedro otra vez, y en seguida cantó el gallo.

El sumo sacerdote que interrogó a Jesús simboliza una forma de pensamientos religiosos en el ser humano que sigue la letra de la ley sin pensar mucho en su importancia espiritual. Jesús (que representa el Cristo) expone la Verdad en un lenguaje sencillo y conciso, lo cual no tiene significado para la persona que funciona en el plano natural-religioso de la existencia.

[28]Llevaron a Jesús de casa de Caifás al pretorio.
Era de mañana, y ellos no entraron en el pretorio para
no contaminarse y así poder comer la Pascua. [29]Enton-
ces salió Pilato a donde ellos estaban, y les dijo: —¿Qué
acusación traéis contra este hombre? [30]Respondieron y
le dijeron: —Si este no fuera malhechor, no te lo habría-
mos entregado. [31]Entonces les dijo Pilato: —Tomadlo
vosotros y juzgadlo según vuestra ley. Los judíos le
dijeron: —A nosotros no nos está permitido dar muerte
a nadie. [32]Dijeron esto para que se cumpliera la palabra

que Jesús había dicho, dando a entender de qué muerte iba a morir.

El pretorio simboliza un estado de despotismo, donde la fuerza, la crueldad y la tiranía existen. Los judíos, que simbolizan la espiritualidad intelectual, que por sus tradiciones religiosas, entregarían a Jesús a los bárbaros para que lo crucificaran.

Los sacerdotes judíos enseñaban la persecución como la herencia inevitable de su raza; hasta Jesús, cuando enseñó Su doctrina, dijo a Sus seguidores que sufrirían persecución. A la edad de trece años un niño judío es considerado un hombre, listo para enfrentar su "persecución" y recibe las bendiciones del rabino. Aunque es verdad que la mente espiritual y la mortal están en guerra, los metafísicos ven que la persecución de los judíos es el resultado de la afirmación de la letra de la ley por parte de quienes otorgan el poder al mundo. "Cualquiera que diga alguna palabra contra el Hijo del hombre, será perdonado; pero el que hable contra el Espíritu Santo, no será perdonado, ni en este siglo ni en el venidero."

[33]Entonces Pilato volvió a entrar en el pretorio, llamó a Jesús y le dijo: —¿Eres tú el Rey de los judíos? [34]Jesús le respondió: —¿Dices tú esto por ti mismo o te lo han dicho otros de mí? [35]Pilato le respondió: —¿Soy yo acaso judío? Tu nación y los principales sacerdotes te han entregado a mí. ¿Qué has hecho? [36]Respondió Jesús: —Mi Reino no es de este mundo; si mi Reino fuera de este mundo, mis servidores pelearían para que yo no fuera entregado a los judíos; pero mi Reino no es de aquí. [37]Le dijo entonces Pilato: —Luego, ¿eres tú rey? Respondió Jesús: —Tú dices que yo soy rey. Yo para esto he nacido y para esto he venido al mundo: para dar testimonio de la verdad. Todo aquel que es de la verdad, oye mi voz. [38]Le dijo Pilato: —¿Qué es la verdad?

Y dicho esto, salió otra vez a donde estaban los judíos, y les dijo: —Yo no hallo en él ningún delito. [39]Pero vosotros tenéis la costumbre de que os suelte a

> un preso en la Pascua. ¿Queréis, pues, que os suelte al Rey de los judíos? [40]Entonces todos dieron voces de nuevo, diciendo: —¡A éste no! ¡A Barrabás!—y Barrabás era ladrón—.

Los judíos, los sacerdotes y los oficiales quienes representan las fuerzas del pensamiento religioso intelectual, continuaron trabajando para ejecutar a Jesús porque sabían de corazón que Él era en realidad un Rey, y temían Su poder espiritual. El punto a considerar por todo seguidor de Jesús es Su aserción continua de que És es Rey, hasta ante la deserción de Sus seguidores y de Su muerte inminente; "¡un rey!, ¡un rey! un rey completo".

Barrabás era un prisionero acusado de insurrección y asesinato. Estaba retenido en Jesuralén, y los judíos pedían que se le liberara en lugar de Jesús.

Metafísicamente Barrabás representa la conciencia adversa (rebelión y odio) a la cual el ser humano se entrega cuando se opone al Cristo. El ser humano da rienda suelta a esta conciencia adversa cuando destruye al Cristo o YO SOY espiritual verdadero en sí mismo, ya que es solamente por medio del Cristo que se puede lograr una victoria sobre el Adversario. Este estado de pensamiento adverso (Barrabás) proviene de su padre, el diablo.

Juan: Capítulo 19

[1]Así que tomó entonces Pilato a Jesús y lo
azotó. [2]Los pusieron sobre su cabeza, y lo vistieron con
un manto de púrpura. Los soldados entretejieron una
corona de espinas, [3]y le decían: —¡Salve, Rey de los
judíos!—y le daban bofetadas. [4]Entonces Pilato salió
otra vez, y les dijo: —Mirad, os lo traigo fuera para que
entendáis que ningún delito hallo en él. [5]Y salió Jesús
llevando la corona de espinas y el manto de púrpura.
Pilato les dijo: —¡Este es el hombre! [6]Cuando lo vieron
los principales sacerdotes y los guardias, dieron voces
diciendo: —¡Crucifícalo! ¡Crucifícalo! Pilato les dijo:
—Tomadlo vosotros y crucificadlo, porque yo no hallo
delito en él. [7]Los judíos le respondieron: —Nosotros
tenemos una ley y, según nuestra ley, debe morir, por-
que se hizo a sí mismo Hijo de Dios. [8]Cuando Pilato
oyó decir esto, tuvo más miedo. [9]Entró otra vez en el
pretorio, y dijo a Jesús: —¿De dónde eres tú? Pero Jesús
no le respondió. [10]Entonces le dijo Pilato: —¿A mí no
me hablas? ¿No sabes que tengo autoridad para cru-
cificarte y autoridad para soltarte? [11]Respondió Jesús:
—Ninguna autoridad tendrías contra mí si no te fuera
dada de arriba; por tanto, el que a ti me ha entregado,
mayor pecado tiene. [12]Desde entonces procuraba Pilato
soltarlo, pero los judíos daban voces diciendo: —Si a
este sueltas, no eres amigo de César; todo el que se hace
rey, a César se opone. [13]Entonces Pilato, oyendo esto,
llevó fuera a Jesús, y se sentó en el tribunal, en el lugar
llamado El Enlosado, en hebreo, Gábata. [14]Era la pre-
paración de la Pascua y como la hora sexta. Entonces
dijo a los judíos: —¡Aquí tenéis a vuestro Rey! [15]Pero
ellos gritaron: —¡Fuera! ¡Fuera! ¡Crucifícalo! Pilato les
dijo: —¿A vuestro Rey he de crucificar? Respondieron
los principales sacerdotes: —¡No tenemos más rey que
César! [16]Así que entonces lo entregó a ellos para que
fuera crucificado. Tomaron, pues, a Jesús y se lo llevaron.

[17]Él, cargando su cruz, salió al lugar llamado de la Calavera, en hebreo, Gólgota. [18]Allí lo crucificaron con otros dos, uno a cada lado, y Jesús en medio. [19]Escribió también Pilato un título, que puso sobre la cruz, el cual decía: Jesús Nazareno, Rey de los judíos. [20]Muchos de los judíos leyeron este título, porque el lugar donde Jesús fue crucificado estaba cerca de la ciudad, y el título estaba escrito en hebreo, en griego y en latín. [21]Dijeron a Pilato los principales sacerdotes de los judíos: —No escribas: "Rey de los judíos", sino: "Este dijo: Soy rey de los judíos". [22]Respondió Pilato: —Lo que he escrito, he escrito.

[23]Cuando los soldados crucificaron a Jesús, tomaron sus vestidos e hicieron cuatro partes, una para cada soldado. Tomaron también su túnica, la cual era sin costura, de un solo tejido de arriba abajo. [24]Entonces dijeron entre sí: —No la partamos, sino echemos suertes sobre ella, a ver de quién será. Esto sucedió para que se cumpliera la Escritura, que dice:

Repartieron entre sí mis vestidos,

y sobre mi ropa echaron suertes. Y así lo hicieron los soldados. [25]Estaban junto a la cruz de Jesús su madre y la hermana de su madre, María mujer de Cleofas, y María Magdalena. [26]Cuando vio Jesús a su madre y al discípulo a quien él amaba, que estaba presente, dijo a su madre: —Mujer, he ahí tu hijo. [27]Después dijo al discípulo:—He ahí tu madre. Y desde aquella hora el discípulo la recibió en su casa.

[28]Después de esto, sabiendo Jesús que ya todo estaba consumado, dijo, para que la Escritura se cumpliera: —¡Tengo sed! [29]Había allí una vasija llena de vinagre; entonces ellos empaparon en vinagre una esponja y, poniéndola en un hisopo, se la acercaron a la boca. [30]Cuando Jesús tomó el vinagre, dijo: —¡Consumado es! E inclinando la cabeza, entregó el espíritu.

La lucha por la supremacía entre las fuerzas intelectuales, representadas por Pilato y las seudoespirituales, representadas por los judíos, está documentada en Juan 19. Ambos contendientes se dan cuenta de que es un momento crucial, y buscan evitar la responsabilidad por la destrucción del Rey Jesús y Su reinado. La multitud (conciencia de los sentidos) le pone vestiduras ridículas y una corona, y grita: "¡Salve, Rey de los judíos!" De aquí el sentido en el cual el ser humano se burla de la religión. Para el intelecto reinante, Jesús no ha cometido delito, y lo ve como un hombre moralmente bueno, diciendo: "¡Este es el hombre!" Cuando los judíos repiten su grito de "¡crucifícalo!", porque Jesús clama que es el Hijo de Dios y un mandatario temporal. Pilato se atribula y apela a Jesús, Quien le responde que Su reino no es de este mundo. Cuando los judíos alegan que Jesús está tramando socavar y destruir el reinado temporal de César, Pilato se alarma y se sentó de nuevo en el tribunal en Gábata (en hebreo, loma o colina). Vemos rápidamente que significa un plano elevado de la comprensión humana.

Aquí Pilato, (el intelecto) de nuevo pasa la responsabilidad de la condena a los judíos (la supuesta autoridad espiritual) y dice: "¿A vuestro Rey he de crucificar?" Los judíos traicionan su alianza a las cosas temporales al responder, "¡No tenemos más rey que César!" La decisión de crucificar a Jesús fue una combinación de intelecto y seudo Espíritu, y fue llevada a cabo, como está indicado, por la cooperación de todos los que tomaron parte en ella. "Así que entonces [Pilato] lo entregó a ellos [los judíos] para que fuera crucificado." Y los soldados crucificaron a Jesús.

La crucifixión tuvo lugar en el Gólgota "el lugar de la calavera" (la parte frontal del cerebro, el asiento de la voluntad y de la comprensión conciente, donde todas las ideas son puestas a prueba y entronizadas o expulsadas). En la crucifixión de Jesús tanto Pilato como los judíos (el intelecto y la ideas espirituales reinantes) se unen para desechar el clamor de que ese hombre es el Hijo de Dios. Aunque a Jesús (que representa al hombre espiritual) no se le permitió establecer Su reino consciente en la parte frontal del cerebro, Él dejó una gran doctrina unificada de verdad (representada por la vestidura sin costuras que los soldados no pudieron romper). Así que por más de dos mil años esta Verdad ha perdurado y ahora está reinando en la mente consciente de quienes creen. Antes de que el Hijo de Dios sea entronizado, las mesas deben ser volteadas, el intelecto y lo seudoespiritual deben ser crucificados, y el YO SOY, elevado a las alturas.

Jesús pagó el tributo supremo a una mujer cuando, en la cruz, Él la reconoció y la designó como la madre y la preservadora del amor, para que morara en el hogar de Su discípulo amado, Juan.

Jesús se hizo uno de nuestra familia humana con un propósito, hacernos posible el logro de la conciencia espiritual, lo cual no podríamos hacer sin el ejemplo de alguien que ha logrado esta meta. Que somos hijos de Dios es una mera idea hasta que ha sido demostrada y entronizada en la conciencia. El ser humano es un hijo de la evolución, la evolución del ser humano perfecto implantado en nosotros como el Padre-Mente. Estábamos en camino hacia la demostración final del Hijo de Dios cuando nos perdimos en las ilusiones de los sentidos. Un guía y ayudante se hizo absolutamente necesario. Jesús asumió este papel peligroso y humillante. Tenía que convertirse en uno de nosotros en carne e intelecto, y este hombre de carne e intelecto cuya carrera yace como consumada en el ofrecimiento del vinagre que le hicieron en Su último aliento en la cruz. Así que no fue Jesús, el hombre de grandes ideas Quien fue crucificado; fue el hombre de carne e intelecto que gritó, "Dios mío, Dios mío: ¿por qué me has desamparado?"

> [31]Entonces los judíos, por cuanto era la preparación de la Pascua, a fin de que los cuerpos no quedaran en la cruz el sábado (pues aquel sábado era de gran solemnidad), rogaron a Pilato que se les quebraran las piernas y fueran quitados de allí. [32]Fueron, pues, los soldados y quebraron las piernas al primero y asimismo al otro que había sido crucificado con él. [33]Pero cuando

llegaron a Jesús, como lo vieron ya muerto, no le quebraron las piernas. [34]Pero uno de los soldados le abrió el costado con una lanza, y al instante salió sangre y agua. [35]Y el que lo vio da testimonio, y su testimonio es verdadero; y él sabe que dice verdad, para que vosotros también creáis, [36]pues estas cosas sucedieron para que se cumpliera la Escritura: No será quebrado hueso suyo. [37]Y también otra Escritura dice: Mirarán al que traspasaron.

La "preparación" se refiere a los preparativos preliminares a la celebración del sábat judío, o el festival del día anterior al sábat. Entre los judíos había una ley por la cual un cadáver no debía permanecer en la cruz el sábat, ya que éste era el día dedicado al descanso y a la libertad de todos los pensamientos atribulados o contenciosos. De aquí que ordenaron que el cuerpo de Jesús fuera quitado de la cruz.

Los judíos pidieron que quebraran las piernas de Jesús y también las de los ladrones que fueron crucificados con Él. El rompimiento de los huesos destruyó el último vestigio de vida en el cuerpo. Jesús parecía estar muerto, pero la inferencia es que Él retuvo el contacto con la médula ósea, la cual produce la sangre.

El hecho de que la petición de los judíos no fuera ejecutada demuestra que la ley superior estaba obrando y ni un solo hueso de Jesús fue roto. La profecía fue cumplida hasta la herida en el costado, el lugar más cercano al corazón, la morada del amor.

Esta escritura revela como quienes están establecidos en el intelecto buscarán matar al Cristo, y también como a la final, son derrotados por Su victoria sobre la muerte.

[38]Después de todo esto, José de Arimatea, que era discípulo de Jesús, pero secretamente por miedo de los judíos, rogó a Pilato que le permitiera llevarse el cuerpo de Jesús; y Pilato se lo concedió. Entonces fue y

se llevó el cuerpo de Jesús. [39]Vino también Nicodemo, el que antes había visitado a Jesús de noche, trayendo un compuesto de mirra y de áloes, como cien libras. [40]Tomaron, pues, el cuerpo de Jesús y lo envolvieron en lienzos con especias aromáticas, según la costumbre judía de sepultar.

[41]En el lugar donde fue crucificado había un huerto, y en el huerto un sepulcro nuevo, en el cual aún no se había puesto a nadie. [42]Allí, pues, por causa de la preparación de la Pascua de los judíos, y porque aquel sepulcro estaba cerca, pusieron a Jesús.

Jesús descansó en la tumba de José de Arimatea. Arimatea representa un agregado de pensamientos de carácter elevado, un estado elevado de conciencia en el ser humano. José representa un estado de conciencia en el cual nuestro carácter se enriquece en todo sentido. No solamente obtenemos una comprensión más amplia, sino que también aumentamos en vitalidad y sustancia. El descanso de Jesús en la tumba de José simboliza la verdad que Jesús estaba descansando en la conciencia de la vitalidad y la sustancia, estaba obteniendo una comprensión más amplia y en la verdad, estaba recobrando fortaleza para Su gran demostración sobre la muerte.

Juan: Capítulo 20

[1]El primer día de la semana, María Magdalena
fue de mañana, siendo aún oscuro, al sepulcro, y vio
quitada la piedra del sepulcro. [2]Entonces corrió y fue a
Simón Pedro y al otro discípulo, aquel a quien amaba
Jesús, y les dijo: —Se han llevado del sepulcro al Señor
y no sabemos dónde lo han puesto. [3]Salieron Pedro y
el otro discípulo y fueron al sepulcro. [4]Corrían los dos
juntos, pero el otro discípulo corrió más aprisa que
Pedro y llegó primero al sepulcro. [5]Y, asomándose, vio
los lienzos puestos allí, pero no entró. [6]Luego llegó
Simón Pedro tras él, entró en el sepulcro y vio los lien-
zos puestos allí, [7]y el sudario, que había estado sobre
la cabeza de Jesús, no puesto con los lienzos, sino
enrollado en un lugar aparte. [8]Entonces entró también
el otro discípulo que había venido primero al sepulcro;
y vio, y creyó, [9]pues aún no habían entendido la Escri-
tura: que era necesario que él resucitara de los muertos.
[10]Y volvieron los discípulos a los suyos.

[11]Pero María estaba fuera llorando junto al
sepulcro; mientras lloraba, se inclinó para mirar dentro
del sepulcro, [12]y vio a dos ángeles con vestiduras blan-
cas, que estaban sentados el uno a la cabecera y el otro a
los pies, donde el cuerpo de Jesús había sido puesto. [13]Y
le dijeron: —Mujer, ¿por qué lloras? Les dijo: —Porque
se han llevado a mi Señor y no sé dónde lo han puesto.
[14]Dicho esto, se volvió y vio a Jesús que estaba allí; pero
no sabía que era Jesús. [15]Jesús le dijo:

—Mujer, ¿por qué lloras? ¿A quién buscas?
Ella, pensando que era el jardinero, le dijo: —Señor,
si tú lo has llevado, dime dónde lo has puesto y yo lo
llevaré. [16]Jesús le dijo:—¡María! Volviéndose ella, le
dijo: —¡Raboni!—que significa: «Maestro»—[17]Jesús
le dijo: —¡Suéltame!, porque aún no he subido a mi
Padre; pero ve a mis hermanos y diles: "Subo a mi Padre
y a vuestro Padre, a mi Dios y a vuestro Dios". [18]Fue

entonces María Magdalena para dar a los discípulos la noticia de que había visto al Señor, y que él le había dicho estas cosas.

En la mañana de la resurrección los amigos y seguidores de Jesús parecían haber olvidado Su promesa de que resucitaría de entre los muertos, y buscaron Su cuerpo en la tumba. Este incidente nos muestra que cuando la creencia en la muerte nos domina, oscurece nuestra comprensión; debemos salir de debajo de esta nube antes de que podamos estar conscientes de la presencia de la vida despertada. María buscaba a su Señor y Maestro en la tumba aún cuando Él estaba a su lado. Juan y Pedro, no hallándolo donde esperaban que estuviera, "Y volvieron los discípulos a los suyos."

No busques en la tumba a quien amas. El Espíritu no está confinado a las cámaras de los muertos. Cuando no nos damos cuenta de la nueva vida en Cristo, en realidad estamos tristes. Entonces es cuando deberíamos volvernos a Jesucristo (el YO SOY), quien está cerca y dice al alma: "¿Por qué lloras? ¿A quién buscas?" El dolor y la búsqueda por la persona perdida en un lugar externo se descartan rápidamente. El pensamiento ascendido del YO SOY es la idea salvadora. "Subo a mi Padre y a vuestro Padre, a mi Dios y a vuestro Dios".

Una resurrección tiene lugar en nosotros cada vez que llegamos a una comprensión de la vida perpetua y moradora que nos une al Padre. Dejamos en la tumba de la materia los lienzos del sentido mortal (el sentimiento de ser mortal), conformado por los pensamientos humanos de limitación y sujeción inevitable a las leyes materiales. Éstas son leyes que el ser humano ha creado para sí mismo y para su mundo.

El YO SOY es Espíritu, pero para poder resucitar del plano de las ideas puras, no debe estar aferrado a los afectos del alma. (Jesús dijo a María, "¡Suéltame!") Los dos ángeles, "uno a la cabecera y el otro a los pies, donde el cuerpo de Jesús había sido puesto" representan las palabras positivas de vida que hacen que los poderes espirituales eleven el cuerpo de la materia al Espíritu. Estos dos poderes luminosos y relucientes tiene inteligencia animada, porque dicen a María y a quienes están con ella "¿Por qué buscáis entre los muertos al que vive? No está aquí, sino que ha resucitado" (Lc. 24:5).

El consuelo más efectivo que podemos dar a quienes están sumidos en el dolor de la separación o la muerte es negar por ellos la creencia en la muerte y afirmar en pensamiento, palabra y citas bíblicas, la omnipotencia de la vida. Esto disipa el caudal de pensamientos dolorosos que sumerge al alma de quienes sienten pena y dolor. Jesús no quería que el pensamiento doloroso de María Lo tocara. La mente espiritual no siente dolor; no busca en la materia, ni en las limitaciones de la carne, la vida eterna, y esto disipa los pensamientos de dolor por la negación de su realidad o poder de afectar la mente del Hijo de Dios.

Mantén siempre tus pensamientos más altos y niega todo indicio de dolor o pérdida. Los hijos de la oscuridad se visten de cilicios y se sientan en cenizas, pero los hijos de la luz se regocijan, miran hacia arriba ("ascienden" en todo pensamiento del Padre de vida y luz), y son liberados del peso del dolor y de la creencia en la muerte y la separación.

> [19]Cuando llegó la noche de aquel mismo día, el primero de la semana, estando las puertas cerradas en el lugar donde los discípulos estaban reunidos por miedo de los judíos, llegó Jesús y, puesto en medio, les dijo: —¡Paz a vosotros! [20]Dicho esto, les mostró las manos y el costado. Y los discípulos se regocijaron viendo al Señor. [21]Entonces Jesús les dijo otra vez: —¡Paz a vosotros! Como me envió el Padre, así también yo os envío. [22]Y al decir esto, sopló y les dijo: —Recibid el Espíritu Santo. [23]A quienes perdonéis los pecados, les serán perdonados, y a quienes se los retengáis, les serán retenidos.

El cristianismo comenzó con Jesucristo, fue expandido por los apóstoles y los Setenta a quien Jesús mandó de dos en dos y luego, por otras personas a medida que empezaron a comprender la Verdad. Este proceso de cristianización continuará hasta que toda la raza sea redimida del error. Aún así, a medida que nuestras facultades, nuestros sentidos y nuestros pensamientos aprenden la verdad, dan luz y vida a pensamientos que todavía están en la oscuridad. De esta manera todo el ser humano se establece en la inmortalidad, en la vida eterna.

Jesucristo comisionó a Sus seguidores a hacer discípulos de todas las naciones. Esta comisión les fue dada en una montaña de Galilea. Una montaña siempre simboliza elevación espiritual o un lugar alto en la conciencia. Cuando los pensamientos despiertos y educados espiritualmente se reúnen con el YO SOY en la conciencia espiritual, son enviados a través de todo el ser humano, hasta a los sitios más externos de la conciencia del cuerpo.

Para hacer al mundo cristiano, los individuos deben convertirse. El espíritu crístico debe entrar en todos. El Cristo toca a la puerta de cada corazón, y entrará cuando se Le invite a entrar. La mente que está abierta a la Verdad invita al Cristo a entrar. Cuando todos los seres humanos estén llenos de la conciencia crística, la ley internacional incluirá los niveles crísticos y el reino de Cristo será establecido en la tierra.

> 24Pero Tomás, uno de los doce, llamado Dídimo,
> no estaba con ellos cuando Jesús se presentó. 25Le
> dijeron, pues, los otros discípulos: —¡Hemos visto al
> Señor! Él les dijo: —Si no veo en sus manos la señal de
> los clavos y meto mi dedo en el lugar de los clavos, y
> meto mi mano en su costado, no creeré.
>
> 26Ocho días después estaban otra vez sus discí-
> pulos dentro, y con ellos Tomás. Llegó Jesús, estando
> las puertas cerradas, se puso en medio y les dijo: —¡Paz
> a vosotros! 27Luego dijo a Tomás: —Pon aquí tu dedo
> y mira mis manos; acerca tu mano y métela en mi cos-
> tado; y no seas incrédulo, sino creyente. 28Entonces
> Tomás respondió y le dijo:—¡Señor mío y Dios mío!
> 29Jesús le dijo:—Porque me has visto, Tomás, creíste;

bienaventurados los que no vieron y creyeron.

[30]Hizo además Jesús muchas otras señales en presencia de sus discípulos, las cuales no están escritas en este libro. [31]Pero estas se han escrito para que creáis que Jesús es el Cristo, el Hijo de Dios, y para que, creyendo, tengáis vida en su nombre.

Tomás es el apóstol de Jesús que representa la facultad de la comprensión del hombre natural. La comprensión y la voluntad funcionan o deben funcionar al unísono; cada una tiene su centro de actividad en la parte frontal del cerebro, la frente.

Entre los apóstoles de Jesús Tomás representó la cabeza, la cual representa la razón y la percepción intelectual. Jesús no ignoró la petición de Tomás de evidencia física de Su identidad, sino que la respetó. Él convenció a Tomás, por evidencia corporal, que había habido una resurrección del cuerpo y que no era un fantasma, sino el mismo cuerpo que había sido crucificado, como lo evidenciaban las heridas que Tomás vio y palpó.

La paz de Jesús provino por medio del conocimiento de que la muerte no tiene realidad, sino que la vida va de lo eterno a lo eterno. Él había probado Su poder para vencer al último enemigo, la muerte, y de aquí que estaba establecido en "la paz de Dios, que sobrepasa todo entendimiento".

Jesús se manifestó a los once y los amonestó por no creer el relato de Su resurrección. Aparentemente la resurrección de Jesús es un gran misterio, y para quienes leen la Biblia en sentido literal y no tienen discernimiento del poder del Espíritu para transformar el cuerpo, debe permanecer como un misterio. La pregunta frecuente es si nosotros creemos o no que Jesús resucitó de entre los muertos con la misma carne y cuerpo en el cual caminó por la tierra y, si es así, qué pasó con ese cuerpo.

En tiempos antiguos, los creyentes lo aceptaron como un milagro y no trataron de explicar la ley por la cual esto fue logrado, pero la fe ciega no es tan popular en la iglesia como lo fue una vez, y los escépticos son más osados. La escuela de "alta crítica" ataca abiertamente los sucesos en la Biblia que no pueden explicarse por la ley natural. Estas personas desean saber cómo Jesús hizo Sus obras, incluyendo la resurrección de Su cuerpo. El relato histórico narra claramente que el cuerpo de carne que había sido crucificado era el cuerpo que Jesús tenía después de Su resurrección.

Que Jesús sabía cómo restaurar la vida a los órganos muertos fue evidenciado por Su curación de paralíticos, ciegos y tres casos en que resucitó a los que habían muerto. Su época no lo sabía. Él trató de explicárselo a Sus discípulos y compañeros, pero ellos no comprendieron. Él les dijo que Él vendría de nuevo a la vida, pero ellos parecía que no comprendían lo que Él decía. Ellos pensaron que Él estaba hablando del Templo en Jerusalén, pero en realidad estaba hablando de Su cuerpo templo, el cual Él podía destruir y edificar de nuevo a voluntad.

No es sorprendente que los amigos más íntimos de Jesús estaban llenos de asombro y miedo cuando vieron que Él no estaba en la tumba donde lo habían colocado. No entendían que durante años, Él había estado entrenando Su alma para lograr esto. Había pasado noches enteras en oración, y por medio de la intensidad de Su devoción, había logrado la unión con la mente divina. Esta unión era tan completa que todo Su ser estaba lleno de vida, poder y sustancia espirituales, y la sabiduría para utilizarlos en orden divino. De esta manera, Jesús proyectó la idea de cuerpo divino, y por medio de ella, Su cuerpo mortal fue transformado en un cuerpo inmortal. Esto fue logrado antes de la crucifixión, y Jesús sabía que había fortalecido tanto Su alma que restauraría Su cuerpo sin importar lo duro que el cuerpo pudiera ser usado por el hombre destructor.

Jesús había obtenido poder en los tres planos de la conciencia: espiritual, físico y material. Después de Su resurrección Él mantuvo su cuerpo en los planos físico y astral por cuarenta días, y luego lo transfirió al espiritual, donde existe hasta el día de hoy como un cuerpo de sustancia etérea dirigido y controlado por Sus pensamientos y Su fuerza mental. Al tener un cuerpo de átomos electrificados espiritualmente, Jesús puede acelerar los cuerpos de las personas que atraen Su presencia al creer en Él. Él irradia una vida gloriosa que llena de energía a quienes creen en Su poder.

Por medio de las afirmaciones todos nos debemos apropiar individualmente de esta misma vida, sustancia y verdad crísticas como la base y esencia mismas de nuestro cuerpo.

Miles hoy en día han encontrado la ley que Jesús demostró y el significado interno de la Verdad que Él enseñó. Estas personas trabajan, oran, hacen negaciones, afirmaciones, se concentran, están dispuestas. Construyen desde todo punto de vista la idea perfecta del cuerpo, transformando la carne corruptible en sustancia incorruptible. De aquí que sigan a Jesús en la regeneración. Cuando hayan renovado cada órgano y cada parte tanto interna como externa, y hayan hecho a un lado toda evidencia de vejez, el mundo en general comenzará a aceptar esto como verdad: que el destino de todo ser humano es transformar el cuerpo de carne en un cuerpo de Espíritu y por ende, inmortalizarlo. De esta manera la muerte será vencida y la tierra será la morada de los seres humanos inmortales.

Este proceso de revelar y utilizar las fuerzas ocultas de la naturaleza ya ha comenzado en el uso de la electricidad, la radio, los rayos X, el radar y otras energías invisibles. El descubrimiento de que el átomo tiene un centro eléctrico fue la primera entrada científica a la vida espiritual omnipresente. Esta vida será explotada por el ser humano hasta que éste agote la capacidad de las máquinas que construye para utilizarla; entonces buscará medios más eficientes, los cuales encontrará en el desarrollo del cuerpo humano. El cuerpo del ser humano dirigido por su mente es el único dínamo que puede generar vida y controlarla. Los seres humanos pueden construir máquinas que destruyen el átomo y liberan sus fuerzas latentes, pero la energía liberada puede destruir la maquinaria y hasta los cuerpos de quienes la liberan.

La naturaleza tiene en ella todos los elementos necesarios para la construcción del cielo aquí en la tierra y en el éter que la rodea. No falta mucho para que construyamos casas en el aire, pero primero debemos aprender cómo levitar el cuerpo, como Jesús lo hizo; entonces la resurrección será parte de nuestra evolución espiritual y conoceremos por experiencia lo que Jesús nos quiso decir con Su muerte y resurrección, también sabremos donde vive exactamente en el presente y lo que es necesario que hagamos antes de encontrarnos con Él en los cielos.

Juan: Capítulo 21

1Después de esto, Jesús se manifestó otra vez a
sus discípulos junto al Mar de Tiberias; y se manifestó
de esta manera: 2Estaban juntos Simón Pedro, Tomás,
llamado el Dídimo, Natanael, el de Caná de Galilea,
los hijos de Zebedeo y otros dos de sus discípulos.
3Simón Pedro les dijo: —Voy a pescar. Ellos le dijeron:
—Vamos nosotros también contigo. Salieron, pues, y
entraron en una barca; pero aquella noche no pesca-
ron nada. 4Cuando ya iba amaneciendo, se presentó
Jesús en la playa, pero los discípulos no sabían que era
Jesús. 5Y les dijo: —Hijitos, ¿tenéis algo de comer? Le
respondieron: —¡No! 6Él les dijo: —Echad la red a la
derecha de la barca y hallaréis. Entonces la echaron, y
ya no la podían sacar, por la gran cantidad de peces.
7Entonces aquel discípulo a quien Jesús amaba dijo a
Pedro: —¡Es el Señor! Simón Pedro, cuando oyó que
era el Señor, se ciñó la ropa (porque se había despojado
de ella) y se tiró al mar. 8Los otros discípulos fueron
con la barca, arrastrando la red llena de peces, pues
no distaban de tierra sino como doscientos codos. 9Al
descender a tierra, vieron brasas puestas y un pescado
encima de ellas, y pan. 10Jesús les dijo: —Traed de los
peces que acabáis de sacar. 11Subió Simón Pedro y sacó
la red a tierra, llena de grandes peces, ciento cincuenta
y tres; y aun siendo tantos, la red no se rompió. 12Les
dijo Jesús: —Venid, comed. Y ninguno de los discípulos
se atrevía a preguntarle: ¿Tú, quién eres?, sabiendo que
era el Señor. 13Vino, pues, Jesús, y tomó el pan y les dio,
y asimismo del pescado. 14Esta era ya la tercera vez que
Jesús se manifestaba a sus discípulos, después de haber
resucitado de los muertos.

Cuando los discípulos se habían esforzado toda la noche en sus barcas pescando sin resultado, Jesús apareció de repente en la playa y les dijo: "Echad la red a la derecha de la barca y hallaréis". El resultado fue 153 peces grandes, tan pesados que no podían meter la red en el bote sin que se rompiera. La mente del ser humano es la red que atrapa pensamientos, los cuales son el fundamento de las condiciones externas. El mar es el plano mental en el cual el ser humano existe. Los trabajos de todo tipo son una combinación del esfuerzo mental y físico. Cuando la mente está exaltada el esfuerzo es fácil. Con el uso de su mente el ser humano ha inventado máquinas que lo relevan del esfuerzo físico, aprovechando la guía divina para aliviar su trabajo.

La red de los pensamientos humanos trabaja dura y largamente en la oscuridad de la comprensión humana y obtiene poco, pero una vez que la mente crística es percibida y obedecida, la red es echada "a la derecha" y el resultado es el éxito. La "derecha" es el lado en el cual el ser humano se da cuenta de la verdad de que hay recursos inextinguibles siempre presentes, y que éstos pueden ser manifestados por quienes ejercitan su fe.

Quienquiera que busque provisión por medio del Espíritu y sujete su causa a la ley de la justicia y la rectitud, siempre tendrá éxito. La razón por la cual los seres humanos no demuestran las promesas de apoyo divino es porque se aferran a algún pensamiento egoísta o injusto. "Buscad primeramente el reino de Dios y su justicia, y todas estas cosas os serán añadidas."

El pan y los peces que Jesús proveyó en la playa representan la provisión del Espíritu para las necesidades del cuerpo. El Padre no solamente provee para el ser humano en el mundo natural, como la extracción de los peces, sino que en el mundo invisible de la sustancia hay elementos que corresponden a las cosas materiales. El pan simboliza la sustancia del cuerpo crístico omnipresente y los peces la capacidad de aumento que éste tiene. Los peces son los seres vivientes más prolíficos y ejemplifican perfectamente la habilidad de incremento inherente en la sustancia crística.

15Después de comer, Jesús dijo a Simón Pedro:
—Simón, hijo de Jonás, ¿me amas más que estos? Le

respondió: —Sí, Señor; tú sabes que te quiero. Él le
dijo: —Apacienta mis corderos. [16]Volvió a decirle la
segunda vez:—Simón, hijo de Jonás, ¿me amas? Pedro
le respondió:—Sí, Señor; tú sabes que te quiero. Le
dijo: —Pastorea mis ovejas. [17]Le dijo la tercera vez:
—Simón, hijo de Jonás, ¿me quieres? Pedro se entris-
teció de que le dijera por tercera vez: «¿Me quieres?»,
y le respondió:—Señor, tú lo sabes todo; tú sabes que
te quiero. Jesús le dijo: —Apacienta mis ovejas. [18]De
cierto, de cierto te digo: Cuando eras más joven, te
ceñías e ibas a donde querías; pero cuando ya seas
viejo, extenderás tus manos y te ceñirá otro, y te lle-
vará a donde no quieras. [19]Esto dijo dando a entender
con qué muerte había de glorificar a Dios. Y dicho
esto, añadió:—Sígueme. [20]Volviéndose Pedro, vio que
los seguía el discípulo a quien amaba Jesús, el mismo
que en la cena se había recostado al lado de él y le
había dicho: Señor, ¿quién es el que te ha de entregar?.
[21]Cuando Pedro lo vio, dijo a Jesús: —Señor, ¿y qué de
este? [22]Jesús le dijo: —Si quiero que él quede hasta que
yo vuelva, ¿qué a ti? Sígueme tú. [23]Se extendió entonces
entre los hermanos el rumor de que aquel discípulo no
moriría. Pero Jesús no le dijo que no moriría, sino: Si
quiero que él quede hasta que yo vuelva, ¿qué a ti?.

[24]Este es el discípulo que da testimonio de estas cosas, y escribió estas cosas; y sabemos que su testimonio es verdadero.

[25]Hay también otras muchas cosas que hizo Jesús, las cuales, si se escribieran una por una, pienso que ni aun en el mundo cabrían los libros que se habrían de escribir.

Jesús preguntó a Simón Pedro tres veces, "¿Me amas?" El desarrollo espiritual de Pedro dependía de su posesión de amor, y la prueba del amor es su voluntad de servir. Es evidente que Jesús trataba de enseñar a Pedro que si él amaba verdaderamente, serviría.

La fe debe estar establecida en el amor y debe obrar por amor; y cada facultad del ser humano debe ser establecida en amor y trabajar por amor si se quiere lograr una armonía buena y perfecta. La fe establecida en amor y trabajando por amor permanecerá firme todo el tiempo, bajo cualquier circunstancia: será nuestro poder sostenedor durante cualquier hora de necesidad.

En el versículo 18 de este capítulo Jesús explica más lo que quiso decir con esta pregunta. La fe (Pedro), cuando comienza a despertar al ideal crístico, ve las posibilidades ilimitadas presentes en esta nueva vida. Se da cuenta de que puede traer a manifestación cualquier cosa que pueda desear. En su estado más maduro se percata de la necesidad de servir en un sentido universal. El entregar el ser personal (con el trabajo consiguiente desde un punto de vista universal) es la muerte por medio de la cual glorificamos a Dios. Sin embargo, el apoderarnos del Espíritu y su poder debe estar acompañado por la negación del ser.

La fe (simbolizada por Pedro) es la facultad de la cual depende la provisión continua. De aquí que Pedro es cuestionado con el pensamiento de amor hacia Cristo tres veces. La fe debe estar en comunión amorosa con la mente crística para poder proveer a los pensamientos (ovejas) la provisión necesaria. El ser humano no vive sólo de pan sino de las palabras y los pensamientos de Dios. Éstos vienen a la conciencia por medio de las leyes mentales y espirituales. Las tres afirmaciones de amor sucesivas de Pedro representan el cumplimiento de la unión estrecha de Cristo en espíritu, alma y cuerpo. Al principio la fe es pensativa, vigorosa, vacilante, pero en su madurez se entrega totalmente al Espíritu y está dispuesta a morir por Él. Ésta es la "muerte" por la cual la fe glorifica a Dios: siendo absorbida en la mente divina.

Por medio de afirmaciones de amor repetidas hacia Cristo, el ser humano desarrolla una conciencia de amor divino que mora en el centro del corazón y llena todo el cuerpo de éxtasis. Esta conciencia es "aquel discípulo a quien Jesús amaba."

Jesús reveló la mente del Padre. Esta mente es la vida e

inteligencia del ser humano, así como también la sustancia que satisface todas sus necesidades. Jesús manifestó prominentemente este poder proveedor del Padre, y demostró de varias maneras lo fácil que es obtener sustancia al confiar en Dios. Esta enseñanza no es una invitación para que el ser humano esté ocioso, sino más bien para que esté activo y confiado, siempre confiando en el Espíritu en vez de en la materia como la fuente de su bien.

La resurrección verdadera de Jesús en un cuerpo que corresponde al físico no es un punto para ser debatido por los seguidores de Jesucristo. La evidencia histórica es amplia para convencer a cualquier mente sin prejuicios. Sin embargo, el estudio de las partes que constituyen el ser humano, su espíritu, alma y cuerpo, revelan la capacidad innata en el ser humano de vencer los efectos desintegrantes de la vida y el pensamiento erróneos y de su habilidad, al dar la talla a los niveles fijados por Jesús, de destruir las semillas de la muerte y sembrar salud y vida eterna en su cuerpo.

A la pregunta frecuente "Si Jesús resucitó Su cuerpo físico, ¿por qué no es visible aquí entre nosotros?" respondemos que Jesús venció los pecados que causaron nuestra caída original del cuerpo perfecto del hombre adánico al cuerpo enfermo y mortal en el cual la raza existe ahora. Cuando hemos purificado la mente y el cuerpo y echado fuera cualquier pensamiento negativo, nuestro cuerpo se volverá transparente a la vista humana, como el cuerpo de Jesús. La idea de que un cuerpo transparente es aire, un fantasma, es completamente equivocada. La ciencia dice que las unidades eléctrica invisibles que componen el átomo son millones de veces más poderosas que cualquier cosa visible. Cuando la energía en la bomba atómica fue liberada, grandes ciudades fueron destruidas. Jesús dijo a Sus seguidores que cuando se reunieran en el aposento alto en Jerusalén el Espíritu Santo descendería sobre ellos con poder; y ellos serían transformados de hombres ignorantes a lingüistas de habilidad increíble.

Pablo dice, "Transformaos por medio de la renovación de vuestro entendimiento". Cuando logramos esta transformación veremos a Jesús cómo es y cómo seremos en la resurrección de entre los muertos y del cuerpo mortal en el cual funcionamos ahora. Esto no se logrará mediante un gran milagro en un momento determinado en el futuro, sino día a día debemos resucitar de la oscuridad de los sentidos a la luz gloriosa del Espíritu.

Preguntas de ayuda para los estudiantes de Misterios de Juan

Capítulo 1

1. ¿Cuál es la palabra creativa original o logos?
2. ¿Explica por qué el Verbo y el proceso creativo divino son idénticos?
3. ¿Cuál es el significado metafísico del Evangelio de Juan?
4. Explica el paralelismo que existe entre Génesis y el Evangelio de Juan en relación con el hombre ideal.
5. ¿Qué representa Juan el Bautista?
6. ¿Cuál es la naturaleza de la piedra sobre la cual Jesús edificó?
7. ¿Cuál es la luz verdadera?
8. ¿Cómo nos hacemos hijos de Dios?
9. ¿Cuándo fue "El Verbo o Cristo" incorporado en el ser humano?
10. ¿Por qué es necesario estar receptivo y creer?
11. ¿Cómo se hizo carne el Verbo?
12. ¿Qué quiere decir: "La ley vino por medio de Moisés"?
13. Explica la declaración: "La Gracia y la verdad vinieron por medio de Jesucristo".
14. Compara el discernimiento con la percepción espiritual.
15. Explica "Bautismo por medio de la negación, más perdón" en el proceso regenerativo.
16. ¿Por qué es de suma importancia reconocer que somos el "Hijo de Dios".
17. ¿Qué simboliza el bautismo de Juan el Bautista?
18. ¿Cuál es la naturaleza de la Mente-Padre?
19. ¿Cuál es la función del Espíritu Santo?
20. ¿Cómo podemos cultivar la mente espiritual?

21. ¿Cuáles actitudes mentales son necesarias para "vestirse de Cristo"?
22. ¿Cuál es el resultado de reconocer la Mente Crística?
23. ¿Qué facultad representa Andrés?
24. ¿Cuál es el significado metafísico de Felipe?
25. ¿Por qué es sabio desarrollar la facultad de la imaginación bajo la guía del Espíritu?
26. ¿Qué representa Bartolomé?
27. ¿Qué es conciencia? y ¿qué es forma?
28. ¿Cuál facultad espiritual es necesaria para penetrar "la cuarta dimensión"?

Capítulo 2

1. ¿Cuál es la interpretación espiritual del matrimonio, de María, de Eva, de Jesús, de los discípulos?
2. ¿Qué significan los nombres: Caná, Galilea, Felipe?
3. ¿Qué actividades mentales están involucradas en el proceso de regeneración?
4. Da el significado interno de las "tinajas de piedra".
5. Explica qué significa: "Y yo, cuando sea levantado..., a todos atraeré a mí mismo."
6. ¿Qué simboliza la boda en Caná? Explica detalladamente el simbolismo de este milagro.
7. ¿Qué simboliza Cafarnaún?
8. ¿Qué simboliza la pascua de los judíos?
9. Enumera los pasos para la limpieza del cuerpo. ¿Por qué debemos tratar con la mente tanto en lo absoluto como el lo relativo?
10. Simbólicamente, ¿qué es "la luz de Cristo"?
11. ¿Cómo se produce la atmósfera del pensamiento?

12. Explica las palabras de Pablo: "En esto pensad".
13. ¿Cuál es el resultado de la maestría de la mente por parte del ser humano?
14. ¿Es la Verdad autoevidente?

Capítulo 3

1. ¿Qué representa Nicodemo en la conciencia individual?
2. ¿Qúe es "nacer de nuevo"?
3. ¿Cuáles son los pasos en la evolución?
4. ¿Cómo será establecida la paz permanente?
5. ¿Cómo es el ser humano restaurado al estado celestial?
6. ¿Qué hace que el ser humano crea en Jesús?
7. ¿Cómo nos volvemos como Jesucristo?
8. ¿Cómo experimentamos la salvación?
9. ¿Qué representa Jesús? ¿Judea? Interpretada metafísicamente, ¿cuál es la relación entre Jesús y Juan el Bautista?

Capítulo 4

1. ¿Qué representa Samaria? ¿Sicar?
2. ¿Dónde está situado el "pozo de Jacob"?
3. Interpreta metafísicamente el descanso de Jesús en el pozo de Jacob.
4. ¿Cómo adoramos verdaderamente a Dios?
5. ¿Cuál es el significado espiritual del viaje de Jesús de Judea a Galilea?
6. ¿Qué es la "fuente de agua que salte para vida eterna"?
7. ¿Es el subconsciente la fuente verdadera de sabiduría? ¿Por qué respondes de esta manera?

8. ¿Cuál es la simbología de los samaritanos no considerados fieles seguidores de Jehová?
9. ¿De qué fuentes obtiene el alma su vida? ¿Cuál es la fuente suprema?
10. ¿Cuál es la explicación de las cosas espirituales en una base material?
11. ¿De qué manera es Cristo quien discierne nuestros pensamientos?
12. Explica metafísicamente la relación entre los judíos y los gentiles.
13. Jesús se encontró a la samaritana en el pozo de Jacob. Interpreta.
14. Distingue entre el razonamiento intelectual y la percepción espiritual.
15. Diferencia entre el símbolo externo de la adoración y la adoración en Espíritu.
16. ¿Es la sustancia espiritual omnipresente? Explica.
17. ¿Por qué Dios no diferencia entre las personas?
18. ¿Por qué es importante para el ser humano aprender las leyes del Espíritu?
19. ¿Por qué la curación a distancia es posible? Da un ejemplo de tal curación.
20. ¿Cuál es el resultado cuando obtenemos la unidad con las fuerzas espirituales que mueven la mente?

Capítulo 5

1. ¿Qué representa Jerusalén?
2. Interpretada metafísicamente, ¿qué es una fiesta en Jerusalén?
3. ¿Qué simbolizan las ovejas?

4. Interpreta espiritualmente el la piscina de Betesda y sus cinco pórticos.
5. ¿Por qué el trabajo del Espíritu no está confinado a las actividades físicas?
6. ¿Por qué la vida divina no reconoce las leyes intelectuales?
7. ¿Cuál es el lugar en la demostración del "sábat del Señor?"
8. ¿Cuál es el poder viviente que respalda toda la naturaleza?
9. ¿Está el poder creativo divino vivo continuamente?
10. Explica la relación entre el Padre y el Hijo.
11. ¿Cómo honramos al Cristo?
12. ¿Debemos ejercitar la sabiduría en la manera de llevar la vida que tenemos? ¿Por qué?
13. ¿Cuál es el proceso involucrado en "resucitar a los muertos"?
14. Explica la relación entre el juicio y el amor.
15. ¿Por qué no podemos sustituir con éxito la Palabra viviente por las Escrituras?
16. ¿Cómo creó Jesús?
17. ¿Por qué la Biblia no es la Palabra viviente de Dios?

Capítulo 6

1. ¿Por qué es importante comprender la anatomía del alma y los centros mentales en el cuerpo?
2. Explica la naturaleza del YO SOY.
3. ¿Qué papel desempeñan las facultades espirituales en la actividad del YO SOY?
4. ¿Cómo aprendemos a vivir por el "pan de vida"?
5. ¿Cuál es el significado espiritual de Jesús y Sus discípulos yendo a la montaña?
6. ¿Por qué Jesús "subió al monte a orar aparte"? ¿Qué

significado tiene esto para nosotros hoy en día?

7. Explica la relación entre la fe y el poder al caminar sobre "las olas de la vida".
8. ¿Cuál es la naturaleza de la verdadera fuente de la sustancia?
9. Explica la interpretación del Todopoderoso como El Shaddai.
10. ¿Qué proceso es necesario para traer a la sustancia espiritual a la manifestación.?
11. ¿Qué significa "el día final"?
12. ¿Cuál es la naturaleza del cuerpo de Cristo?
13. ¿Cuál es el ser verdadero interno de todo individuo?
14. ¿Cómo creamos nuestro ambiente, nuestro cielo o infierno?
15. ¿Cómo las palabras se hacen activas en el cuerpo?

Capítulo 7

1. ¿Por qué los discípulos de Jesús querían que fuera a Jerusalén?
2. ¿Qué limitaciones humanas de Su habilidad para demostrar experimentó Jesús?
3. Explica la diferencia entre la mente farisáica y la espiritual.
4. ¿Qué efecto tiene en el alma el recibir al Espíritu Santo?
5. ¿Cuál es el procedimiento para manejar un estado de conciencia mezclado?
6. ¿Qué simbolizan los sumos sacerdotes y los soldados?
7. ¿Qué prueba la conversión espiritual de Nicodemo?

Capítulo 8

1. ¿Qué representa la ida de Jesús al Monte de los Olivos?

2. ¿Qué importancia tiene el relato de la adúltera en nuestro desarrollo?
3. Explica la cita: "Yo soy la luz del mundo; el que me sigue no andará en tinieblas, sino que tendrá la luz de la vida".
4. ¿Cómo retrasa el ser humano el desarrollo de su alma? ¿Cómo lo puede acelerar?
5. ¿Por qué debemos morar en la Verdad?
6. ¿Cómo obtiene la libertad el ser humano? ¿Qué papel desempeña la concentración en la búsqueda de la libertad?
7. ¿Cuál es el resultado de la adoración de los antepasados?
8. ¿Cómo el ser humano se ata a las creencias de la raza con respecto a los antepasados? ¿Cómo puede liberarse?
9. ¿Quién habla mentiras y es el "padre" de todas las mentiras?
10. Explica las palabras de Jesús: "Antes que Abraham fuera, yo soy".
11. Interpreta las tres partes de la Trinidad. ¿Cuál es la "palabra"?
12. ¿Por qué las palabras de Jesús eran tan poderosas?
13. ¿Puede el ser humano vencer la muerte? ¿Incluye esto la muerte del cuerpo?

Capítulo 9

1. ¿Cuál es el tema general de Juan 9?
2. ¿Qué diferencia hay entre las tiendas y los tabernáculos en los cuales los israelitas vivían y el Templo de Salomón?
3. Explica por qué el pecado de omisión es mayor que el de comisión.
4. ¿Cuál es el verdadero trabajo del ser humano?
5. ¿Cuál es el significado del lodo colocado en los ojos del ciego? ¿Y de habérselo quitado?

6. Explica la reacción que a veces sigue la actividad de los "judíos" y "fariseos" en la conciencia.

Capítulo 10

1. ¿Cuáles son las ovejas mencionadas en Juan 10, el "ladrón", el portero, el "buen pastor"?
2. ¿Qué papel desempeña la voluntad del ser humano en su proceso de reformación?
3. ¿Cuál es el resultado cuando la fuerza alta y la baja se "casan"?
4. ¿Cuál es la puerta "legítima" por medio de la cual la energía espiritual entra a la conciencia del ser humano?
5. ¿Qué simboliza el pórtico de Salomón?
6. ¿Cómo puede una persona estar segura de que está escuchando "el silbo apacible y delicado"?
7. Interpretada metafísicamente, ¿cuál es el significado de la actividad de Jesús cerca del Jordán?

Capítulo 11

1. ¿Qué significa el nombre Lázaro? ¿Qué representa Lázaro?
2. ¿Qué sucede cuando el ser humano no reconoce a Dios como el origen y apoyo de su vida? ¿Cuál es la solución para esta condición?
3. Describe uno de los primeros pasos en la restauración del cuerpo.
4. ¿De qué manera el afirmar vida por otra persona nos ayuda a vencer a la muerte?
5. ¿Por qué envejece la gente?
6. ¿Cómo quitamos "la piedra"?
7. ¿Por qué es importante dar gracias por la manifestación aún antes de que aparezca?

8. Explica por qué Jesús "clamó a gran voz"?
9. ¿Acepta siempre la mente a la Verdad sin cuestionar?
10. Explica la simbología de Jesús retirándose a Efraín.
11. ¿Qué representa la pascua de los judíos?

Capítulo 12

1. ¿Qué queremos decir por el "fruto" de nuestro pensamiento?
2. ¿Cuál es el significado metafísico de María y Marta sirviendo a Jesús?
3. ¿Qué simboliza la unción de los pies de Jesús por parte de María?
4. ¿Cómo traiciona la conciencia de los sentidos al ser humano?
5. ¿Cómo sana el amor?
6. ¿Son las "señales" algo que debemos desear para nuestro bien?
7. ¿Cómo se restaura el equilibrio?
8. Explica: "Damos la vida en el servicio del bien".
9. ¿Cuál fue la misión de Jesús en la Tierra?
10. Explica por qué Jesús no tenía realmente por qué preocuparse.
11. ¿Qué representa la multitud mencionada en el versículo 34?
12. ¿Qué estado de conciencia resulta cuando el "intelecto farisáico" rige?
13. ¿Dónde reside la preponderancia de poder en el ser humano? ¿Cuál es la gloria verdadera del ser humano?

Capítulo 13

1. ¿Puede el ser humano vivir solo? Explica tu respuesta.
2. ¿Cómo vino el pecado al mundo? ¿Cómo es expulsado?

¿Cómo llegó Jesús a ser el Salvador universal?

3. ¿Cómo puede el ser humano apropiar la esencia de Su vida y pagar a Jesús por Su sacrificio?
4. ¿Qué es el desarrollo del alma? ¿Cómo la enseñó Jesús?
5. ¿Cómo llega uno a ser verdaderamente grandioso?
6. Explica la simbología de Jesús lavando los pies de Sus discípulos.
7. ¿Cómo podemos ayudar a la humanidad a limpiar su comprensión?
8. ¿Por qué Judas traicionó a Jesús? ¿Por qué Jesús permitió la traición?
9. ¿Qué es la verdadera glorificación?
10. ¿De qué cualidad espiritual depende la preservación del cristianismo?

Capítulo 14

1. Explica la relación entre el Padre y el Hijo.
2. Explica "me voy y os preparo lugar". ¿Por qué Jesús utilizó la palabra "moradas"?
3. ¿Cómo encuentra el ser humano al Padre? ¿Cómo funciona el principio del Padre?
4. ¿Qué facultad representa Felipe? ¿Cómo obtiene esta facultad su máxima expresión?
5. ¿Cuál es la causa y el remedio para la falta de demostración por parte del ser humano?
6. ¿Por qué la atención es vital en el sostenimiento de nuestra relación con el Padre?
7. ¿Dónde está el Espíritu de verdad? ¿Cómo se pone en contacto activo con nuestra conciencia?
8. Explica la cita "vosotros me veréis; porque yo vivo, vosotros

también viviréis." Y "En aquel día vosotros conoceréis que yo estoy en mi Padre, y vosotros en mí y yo en vosotros."

9. ¿En qué sentido es el ser humano individual todo lo que Jesús dijo que Él era? ¿Cómo lo manifiesta?
10. ¿Cómo Jesús se nos manifiesta hoy en día?
11. ¿Cuáles son la naturaleza y el carácter de la "personalidad" del Espíritu Santo?

Capítulo 15

1. Explica la relación de Jesús con el Padre.
2. ¿Por qué debe el ser humano hacer uso inteligente de sus talentos y facultades?
3. Explica cómo el poder de la palabra funciona por medio del YO SOY.
4. ¿Cuándo deja el ser humano de esforzarse de maneras externas?
5. Explica el método utilizado para asumir el mando sobre las fuerzas reales del Ser.
6. ¿Por qué llamó Jesús a los apóstoles "amigos"?
7. Nombra las funciones del Espíritu Santo.

Capítulo 16

1. ¿Cuál es la causa de la persecución?
2. ¿Por qué Jesús debía irse?
3. ¿Cuál es tu concepto del Espíritu Santo?
4. Jesús dijo: "Todavía un poco y no me veréis, y de nuevo un poco y me veréis". Explica.
5. En realidad, ¿qué es el ser humano?
6. ¿Qué es "la crucifixión" en la conciencia?
7. Jesús dijo: "En aquel día no me preguntaréis nada". Explica.

8. En términos de la mente, ¿qué son "palabras oscuras"? Interpreta: "La noche está avanzada y se acerca el día".

Capítulo 17

1. ¿Qué pedía Jesús cuando dijo: "Glorifica a tu Hijo, para que también tu Hijo te glorifique a ti."? Por quién oraba Jesús?
2. ¿Cuándo había Jesús llevado a cabo la unión con el Padre?
3. ¿Hasta qué punto experimentamos perfección en mente y cuerpo?
4. ¿Qué actitudes del alma son necesarias para producir una nueva raza?
5. Explica por qué el ser humano debe cambiar la base de su pensamiento de un plano más bajo al de la mente pura.
6. ¿Responde Dios siempre las oraciones? ¿Cuál es la forma más elevada de oración?
7. ¿Qué actitud mental está involucrada en la oración desinteresada?
8. ¿Qué es la santificación? ¿Cuál es su resultado?
9. ¿Cuál es logro más elevado del ser humano?
10. Explica la destrucción de la conciencia individual versus la expansión del alma.

Capítulo 18

1. ¿Qué simboliza Cedrón? ¿Huerto?
2. Interpreta la acción de Judas en el huerto de Cedrón.
3. ¿Qué acción indica el paso de Jesús por el torrente de Cedrón?
4. ¿Son las fuerzas espirituales invulnerables?
5. ¿De qué manera son la fe y el amor útiles para vencer?
6. ¿Cuál es la diferencia entre la Verdad y la letra de la ley?

7. Explica la frase: “De toda palabra ociosa que hablen los hombres, de ella darán cuenta en el día del juicio.”
8. ¿Cuál es la solución para el estado de conciencia representado por Barrabás?

Capítulo 19

1. ¿Cuál es el tema general de Juan 19?
2. ¿Por qué el hombre de los sentidos se burla de la religión? ¿Cuál es el significado espiritual de vestir a Jesús de rey?
3. ¿Qué indica la actitud vacilante de Pilatos?
4. Explicado metafísicamente, ¿por qué fue necesario que Pilatos y los Judíos cooperaran para crucificar a Jesús?
5. ¿Qué simboliza la vestidura sin costuras de Jesús? ¿En qué manera este símbolo es útil hoy en día?
6. Explica el gran propósito de Jesús de convertirse en uno con la familia humana.
7. ¿Fue el hombre espiritual crucificado? Explica.
8. ¿Qué es “la preparación” en la conciencia?
9. ¿Cuál es la lección enseñada por Jesús en Juan 19:31-37?
10. ¿Qué simboliza Jesús descansando en la tumba de José de Arimatea?

Capítulo 20

1. ¿Cuál es el significado de María mirando dentro de la tumba?
2. Explica “Subo a mi Padre y a vuestro Padre, a mi Dios y a vuestro Dios”.
3. ¿Qué significa cuando Jesús dijo “¡Suéltame!”? ¿Qué representan los dos ángeles?
4. ¿Cuál es la manera más efectiva de consolar al doliente?

¿Siente dolor la mente espiritual?

5. ¿Qué influencia tiene el cristiano individual sobre la raza?
6. ¿Qué simboliza Tomás?
7. ¿Cómo se adquiere "la paz de Dios, que sobrepasa todo entendimiento"?
8. ¿Por qué es necesario el discernimiento espiritual para comprender la resurrección? ¿Es la resurrección del la carne del cuerpo de Jesús un misterio?
9. Explica un poco la ley por medio de la cual se logra la resurrección.
10. ¿En qué tres planos de conciencia Jesús desarrolló poder?
11. ¿Cómo acelera Jesús los cuerpos de los seres humanos hoy en día? ¿Cómo coopera el ser humano con Jesús en la regeneración?
12. ¿Cómo inmortaliza el ser humano su cuerpo? ¿De qué manera es la ciencia útil en la regeneración?
13. ¿Es la resurrección de la carne del cuerpo del ser humano parte de la evolución espiritual?

Capítulo 21

1. ¿Qué simboliza la red? ¿El mar?
2. ¿Cuál es el significado espiritual de echar la red "a la derecha"?
3. ¿Por qué el ser humano a veces falla en demostrar la sustancia?
4. Explica la simbología del pan y los peces en los dos planos de la conciencia.
5. ¿Qué lección enseñó Jesús cuando preguntó "¿me amas?" ¿Por qué el amor debe ir de la mano de la fe y de las otras facultades?

6. Explica el significado interno del versículo 18.
7. ¿Cómo puede el tipo de muerte glorificar a Dios?
8. Metafísicamente, ¿quién es el discípulo amado de Jesús?
9. ¿Cuáles son los dos atributos de la "mente del Padre" necesarios para reclamar nuestro bien?
10. ¿Cómo podemos destruir las "semillas de la muerte" e implantar la salud y la vida eterna en el cuerpo?
11. ¿Por qué es el cuerpo resucitado de Jesús no visible hoy en día? ¿Cómo puede el ser humano seguir el ejemplo de Jesús?
12. Pablo dijo: "Transformaos por medio de la renovación de vuestro entendimiento." Explica.

Acerca del autor

Charles Fillmore fue un pensador innovador, un pionero en el pensamiento metafísico en una época en que la mayoría del pensamiento religioso en Estados Unidos era completamente ortodoxo. Toda su vida él apoyó la mente abierta e inquisitiva, y se enorgullecía de estar a la vanguardia de los últimos descubrimientos y teorías científicas y educativas. Hace muchos años escribió: "Lo que piensas hoy puede que no sea la medida de tu pensamiento mañana"; y es probable que si él fuera a recopilar este libro hoy en día, utilizara diferentes metáforas, referencias científicas, etc.

La Verdad es inmutable. Aquellos que conocieron a Charles Fillmore creen firmemente que a él le hubiera gustado expresar de otra forma algunas de sus observaciones para los lectores de hoy, para darles la efectividad adicional del pensamiento contemporáneo. Pero las ideas en sí —la esencia de los escritos de Charles Fillmore— están tan vigentes hoy (y lo estarán mañana) como lo estaban cuando se publicaron por primera vez.

Charles Fillmore nació en una reservación india en las afueras de St. Cloud, Minnesota, el 22 de agosto de 1854. Hizo su transición el 5 de julio de 1948, en Unity Village, Missouri, a la edad de 93 años. En un contexto histórico, cuando Charles tenía once años, Abraham Lincoln fue asesinado; cuando Charles murió, Harry Truman era presidente de Estados Unidos.

Con su esposa Myrtle, Charles Fillmore fundó el movimiento Unity y Silent Unity, el ministerio internacional de oración que publica *Daily Word* y *La Palabra Diaria.* Charles y Myrtle fundaron la organización internacional que continúa su labor hoy en día, Unity School of Christianity. Por medio de los ministerios de oración, educación y publicación de Unity School, millones de personas alrededor del mundo han encontrado las enseñanzas de la Verdad descubiertas y practicadas por Charles y Myrtle Fillmore.

Charles Fillmore fue un pionero espiritual cuyo impacto todavía está por determinarse. Líderes tales como el Dr. Vincent Norman Peale y el Dr. Emmet Fox fueron influenciados profundamente por él. El Dr. Peale tomó su famosa frase *pensamiento positivo* de Charles Fillmore. Emmet Fox fue afectado tan profundamente por las ideas de Fillmore que cambió de profesión. De ingeniero, se convirtió en escritor y conferencista de renombre.

Charles Fillmore —autor, maestro, metafísico, místico práctico, esposo, padre, líder espiritual, visionario— ha dejado un legado que continúa impactando las vidas de millones de personas. Por sus frutos es conocido continuamente.

Impreso en EE.UU. B0258

LaVergne, TN USA
08 January 2010
169321LV00001B/1/P

9 780871 593320